1日5分遊ぶだけで
本を読む習慣が
ぐんぐん身につく！

読書ドリル

角田和将
Kazumasa Tsunoda

SOGO HOREI PUBLISHING CO., LTD

はじめに ～おうちのかたへ

「子どもがなかなか読書をしない」
「本を与えても、ゲームばかりやっている」
「国語の成績がなかなか上がらない」
お子さんのことで、こんなふうに悩んでいませんか。
でも、この本を手にしたからには、大丈夫です。

はじめまして。角田和将と申します。
２０１０年に速読日本一となってから、読書を通じて目的を達成するお手伝いをしています。

かくいう私も、かつては、読書嫌いでした。
国語も苦手で、テストはだいたい赤点。
偏差値も40台をウロウロしていましたが、今では年間５００冊を超える本を読めるようになりました。

では、なぜ読書嫌いの私が年に何百冊も読めるようになったのでしょうか。
きっかけは、住宅ローンでした。給与を大きく超えるローンを組んでしまったのです。
「お金は大切なものだと思っていたのに、あまりにも無知すぎた……」
そう後悔していた矢先、ある投資家に、教えを請うチャンスをもらいました。

その方から、こう言われたのです。

「お金のかせぎ方を教えてもらいたいなら、この本を読んでからにしてください」と。

「この本」とは、国語辞典くらいある、分厚い本でした。

焦りました。そんな本、今まで読んだことありませんから。

そこで、なけなしのお金をはたいて、速読の教室に通うことにしたのです。

そのうち、1ページ読めるようになって、10ページ読めるようになって……いつの間にか、その500ページの本が読めるようになっていました。やがて、読む力を競う速読甲子園に出て、準優勝に。その後、1位の人との対戦に勝ち、2万人中1位になりました。

この経験からわかったことがあります。

それは、**2つの力が身につけば、読書は楽しめるようになるということです。**

そのカギとなるのが、語彙力とイメージ力。

これらの力を身につければ、読書は楽しくなり、「習慣」に変わります。

本書では、この2つの力をアップさせるために、楽しみながらできる問題をご用意しました。

ぜひ、お子さんと一緒に試してもらいたいと思います。

1人で、学校のテストの点数を上げるために解くより、「自分のために」「楽しんで」やったほうが、読書の習慣は身につきやすくなります。

ぜひ本書を通じて、お子さんが読書に対して親しみを持つきっかけになれば幸いです。

角田和将

はじめに

みなさんにとって、読書《どくしょ》ってどんな存在《そんざい》ですか？
つまらないもの？　楽《たの》しいもの？　どちらでもないという人《ひと》もいるかな。
きっと、この本《ほん》を手《て》にとったということは、おうちの人《ひと》が「もっと本《ほん》を読《よ》んでほしい」と思《おも》って買《か》ってくれたんじゃないかと思《おも》います。
「でも、本《ほん》を読《よ》むって学校《がっこう》の国語《こくご》みたいで、勉強《べんきょう》みたいだから、いやだなあ」と思《おも》ったかもしれないけど、だいじょうぶ。
この本《ほん》で「2つの力《ちから》」を身《み》につければ、読書《どくしょ》がきっと好《す》きになります。

じつは、ぼくもむかしは読書《どくしょ》が大《だい》の苦手《にがて》でした。
本《ほん》を開《ひら》いても、すぐねむたくなる。
学校《がっこう》の通知表《つうちひょう》でも、国語《こくご》の成《せい》せきは「がんばろう」でした。
でも、大人《おとな》になって気《き》づいたんです。
2つの力《ちから》を身《み》につければ、読書《どくしょ》ぎらいから「好《す》き」になれるんだってことに。

あるとき、４００ページをこえる本《ほん》を読《よ》まなくちゃいけなくなりました。
でもぜんぜん、読《よ》めません。だから、本《ほん》の読《よ》み方《かた》を教《おし》えてくれる人《ひと》のところに通《かよ》って読《よ》み始《はじ》めました。
すると、だんだん読《よ》めるようになりました。本《ほん》を読《よ》むのが楽《たの》しくなって、たくさん本《ほん》が読《よ》めるようになったんです。気《き》づいたら1日《にち》に10さつも読《よ》んでいたこともあったくらいです。

だからこの本《ほん》では、その２つの力《ちから》をしっかり身《み》につけるための問題《もんだい》を用意《ようい》しました。
その２つの力《ちから》とは、**「言葉《ことば》を知《し》る力《ちから》」**と**「イメージする力《ちから》」**です。

問題《もんだい》といっても、ゲームみたいに楽《たの》しくできるものばかりです。
ぜひ、おうちの人《ひと》や友達《ともだち》と一緒《いっしょ》にやってみてください。
楽《たの》しみながら解《と》くと、きっと読書《どくしょ》が楽《たの》しくなって、いつの間《ま》にか２つの力《ちから》が身《み》についているはずです。

角田《つのだ》和将《かずまさ》

もくじ

はじめに　～おうちのかたへ …… 2
はじめに …… 4
本書《ほんしょ》の使《つか》い方 …… 10

第《だい》1章《しょう》 読書《どくしょ》を楽《たの》しくするために知《し》っておきたいこと

なぜ読書《どくしょ》が大事《だいじ》なの？ …… 12
読書《どくしょ》ができる人《ひと》はここが違《ちが》う …… 14
国語《こくご》と読書《どくしょ》は目的《もくてき》が異《こと》なる …… 16
読書《どくしょ》で身《み》につく力《ちから》とは？ …… 18
この本《ほん》で目《め》指《ざ》していること …… 20

第《だい》2章《しょう》

読《よ》む力《ちから》がぐんぐん伸《の》びる読《どく》書《しょ》ドリル：基《き》礎《そ》編《へん》

1 じゅんばんなぞりドリル …… 22
2 まちがいさがしドリル …… 25
3 文《も》字《じ》まちがいさがしドリル …… 33
4 もようまちがいさがしドリル …… 41
5 図《ず》形《けい》まちがいさがしドリル …… 45
6 にんしきドリル …… 52
7 部《ぶ》首《しゅ》さがしドリル …… 57
8 イメージさいげんドリル …… 63
9 文《も》字《じ》さいげんドリル …… 70
10 しりとりドリル …… 75

第《だい》3章《しょう》

読《よ》む力《ちから》がぐんぐん伸《の》びる読書《どくしょ》ドリル‥応用編《おうようへん》

1 じゅんばんなぞりドリル 82
2 まちがいさがしドリル 84
3 文字《もじ》まちがいさがしドリル 88
4 もようまちがいさがしドリル 94
5 四字《よじ》じゅく語《ご》まちがいさがしドリル 97
6 にんしきドリル 103
7 部首《ぶしゅ》さがしドリル 105
8 イメージさいげんドリル 110
9 文字《もじ》さいげんドリル 118
10 しりとりドリル 125
11 文章《ぶんしょう》イメージドリル 129

おわりに ………… 140
謝辞 ………… 142

装丁　藤塚尚子（合同会社 etokumi）
本文デザイン、カバー・イラスト（P25〜32、84〜87、92）　和全（Studio Wazen）
イラスト　村山宇希（ぽるか）
図表・DTP　横内俊彦

本書《ほんしょ》の使《つか》い方《かた》

第《だい》1章《しょう》 読書《どくしょ》を楽《たの》しくするために知《し》っておきたいこと

第《だい》1章《しょう》では、おうちの方《かた》に知《し》っておいてほしい読書《どくしょ》についての考《かんが》え方《かた》をまとめました。

なぜ読書《どくしょ》が大切《たいせつ》なのか、読書《どくしょ》によって身《み》につく力《ちから》などを解説《かいせつ》します。

第《だい》2、3章《しょう》でお子《こ》さんがドリルに挑戦《ちょうせん》する前《まえ》に、ぜひご一読《いちどく》ください。

第《だい》2章《しょう》 読《よ》む力《ちから》がぐんぐん伸《の》びる読書《どくしょ》ドリル：基礎編《きそへん》

読書習慣《どくしょしゅうかん》を身《み》につけるためのドリルです。各問《かくもん》の冒頭《ぼうとう》で、問題《もんだい》のやり方《かた》を解説《かいせつ》しています。まずやり方《かた》を読《よ》んでから、問題《もんだい》を解《と》いてみましょう。

第《だい》3章《しょう》 読《よ》む力《ちから》がぐんぐん伸《の》びる読書《どくしょ》ドリル：応用編《おうようへん》

基礎編《きそへん》の問題《もんだい》を解《と》き終《お》わったら、挑戦《ちょうせん》してみましょう。第《だい》2章《しょう》の基礎編《きそへん》より少《すこ》し難《むずか》しく、解《と》き応《ごた》えのある問題《もんだい》で構成《こうせい》されています。

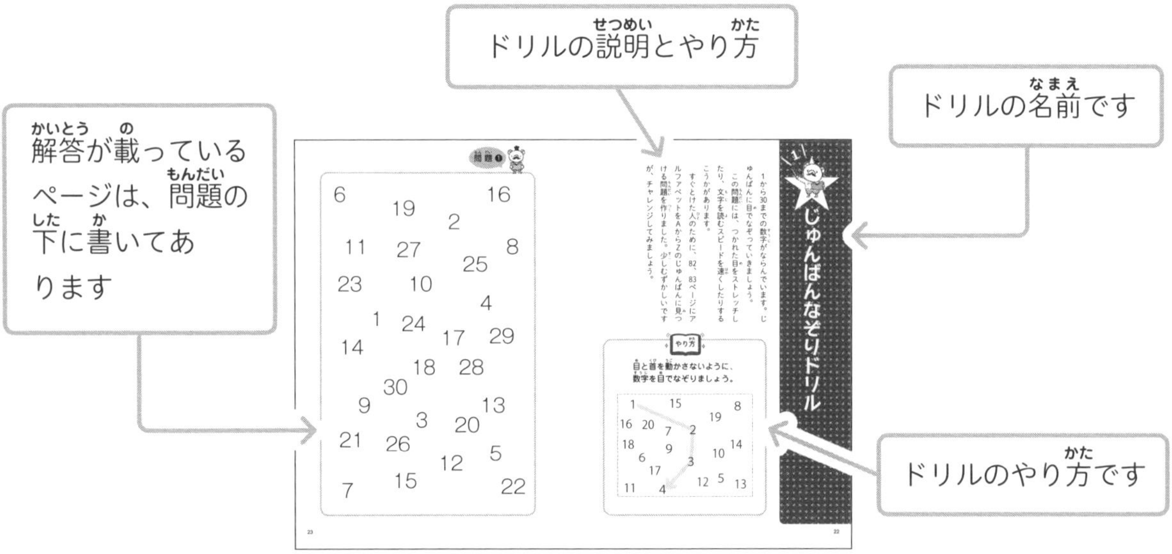
ドリルの説明《せつめい》とやり方《かた》
ドリルの名前《なまえ》です
解答《かいとう》が載《の》っているページは、問題《もんだい》の下《した》に書《か》いてあります
ドリルのやり方《かた》です
じゅんばんなぞりドリル
やり方
目と顔を動かさないように、数字を目でなぞりましょう。

第《だい》1章《しょう》

読書《どくしょ》を楽《たの》しくするために知《し》っておきたいこと

なぜ読書《どくしょ》が大事《だいじ》なの？

一生役《いっしょうやく》に立《た》つ「語彙力《ごいりょく》」「イメージ力《りょく》」が身《み》につく

インターネットが普及《ふきゅう》し、読書《どくしょ》をする人《ひと》がますます減少《げんしょう》していると言《い》われています。

しかし、読書《どくしょ》は重要《じゅうよう》であると、声《こえ》を大《だい》にして言《い》いたいと思《おも》います。

たしかに、インターネットで調《しら》べれば、必要《ひつよう》な情報《じょうほう》は入手《にゅうしゅ》できます。ただし、「調《しら》べたいと思《おも》う情報《じょうほう》」しか入手《にゅうしゅ》できません。

読書《どくしょ》をすると、知《し》りたいことにまつわる考《かんが》え方《かた》や知見《ちけん》、語彙《ごい》など、いくつもの実《みの》りある情報《じょうほう》が同時《どうじ》に入手《にゅうしゅ》できます。

しかも、本《ほん》を書《か》く著者《ちょしゃ》はその道《みち》のプロ。豊富《ほうふ》な経験《けいけん》に裏付《うらづ》けられた知見《ちけん》は、参考《さんこう》になる部分《ぶぶん》が多《おお》いと言《い》えます。

また、**文学作品《ぶんがくさくひん》を読《よ》むと、作家《さっか》の世界観《せかいかん》を通《つう》じて自分《じぶん》の知《し》らない世界《せかい》を知《し》ることができ、イメージする力《ちから》をアップさせることができます。**

私《わたし》は「はじめに」でもお伝《つた》えした通《とお》り、もともと読書嫌《どくしょぎら》いでした。しかし、速読《そくどく》を習得《しゅうとく》したことをきっかけに、読書《どくしょ》が好《す》きになりました。

速読《そくどく》と聞《き》くと、「子《こ》どもにはさせたくない」と思《おも》う方《かた》が多《おお》いかもしれません。「子《こ》どものうちは本《ほん》を丁寧《ていねい》に読《よ》んでほしい」と願《ねが》うのは、親《おや》として当然《とうぜん》のことです。

速読《そくどく》は、一定《いってい》の理解力《りかいりょく》があってはじめて身《み》につくもの。

ですから、この本《ほん》では速読《そくどく》ではなく、まず読書《どくしょ》に必要《ひつよう》な力《ちから》を磨《みが》いてもらうためのトレーニングをご用意《ようい》しました。

ぜひ問題《もんだい》を解《と》くことが、読書《どくしょ》を好《す》きになるきっかけになればと思《おも》います。

読《どく》書《しょ》ができる人《ひと》はここが違《ちが》う

読書習慣《どくしょしゅうかん》が身《み》につくきっかけは「マンガ」？

子《こ》どもの頃《ころ》から読書《どくしょ》する習慣《しゅうかん》を身《み》につけるためには、まず、**語彙力《ごいりょく》を上《あ》げることが大切《たいせつ》です。ここでいう語彙力《ごいりょく》とは、言葉《ことば》をイメージに結《むす》びつける力《ちから》です。**

たとえば「放縦《ほうしょう》」という言葉《ことば》があります。はじめて目《め》にする方《かた》は、辞書《じしょ》で言葉《ことば》の意味《いみ》を調《しら》べ、そのまま覚《おぼ》えてしまいがちです。しかしそれでは、もう一度《いちど》目《め》にしたときに意味《いみ》を忘《わす》れてしまうでしょう。

知《し》らない言葉《ことば》に出合《であ》ったときは、言葉《ことば》からイメージできるものを関連《かんれん》づけて覚《おぼ》えるのがポイントです。

「放縦《ほうしょう》」は「何《なん》の規律《きりつ》もなく勝手気《かってき》ままな」という意味《いみ》ですので、周《まわ》りにそういう方《かた》がいれば、その方《かた》の顔《かお》のイメージと一緒《いっしょ》に覚《おぼ》えてしまうというわけです。

ですから、**読書習慣《どくしょしゅうかん》がないお子《こ》さんにはまず、書籍《しょせき》のマンガ版《ばん》や図解《ずかい》の本《ほん》から読《よ》ませることをおすすめします。**文字《もじ》だけの本《ほん》に比《くら》べ、イメージ（イラスト）と言葉《ことば》を関連《かんれん》づけて自然《しぜん》と語彙力《ごいりょく》を高《たか》めることができるからです。

書籍《しょせき》のマンガ版《ばん》や図解《ずかい》の本《ほん》に慣《な》れてから小説《しょうせつ》を読《よ》むようにすると、スムーズに語彙力《ごいりょく》を高《たか》められます。

小学生《しょうがくせい》のお子《こ》さんは、漢字《かんじ》ドリルなどで文字《もじ》を書《か》く練習《れんしゅう》をすると思《おも》います。できればその際《さい》、文字《もじ》の意味《いみ》がイメージでわかるようにしてあげてください。

将来《しょうらい》、大学受験《だいがくじゅけん》や資格試験《しかくしけん》の勉強《べんきょう》をする際《さい》、「もっと速《はや》く読《よ》めるようになりたい」と思《おも》ったときに、高《たか》い効果《こうか》を発揮《はっき》できるようになります。

国語《こくご》と読書《どくしょ》は目的《もくてき》が異《こと》なる

読書《どくしょ》の目的《もくてき》は「心《こころ》が動《うご》く文章《ぶんしょう》に出合《であ》うこと」

そもそも、お子《こ》さんが読書《どくしょ》をしない理由《りゆう》は何《なん》でしょうか。

ゲームのほうが楽《たの》しいから、面白《おもしろ》いと思《おも》える本《ほん》に出合《であ》っていないから……など、さまざまな理由《りゆう》があると思《おも》いますが、その1つに、国語《こくご》の成績《せいせき》が関係《かんけい》していると考《かんが》えます。

文章《ぶんしょう》を目《め》にしたとたん、国語《こくご》の教科書《きょうかしょ》を読《よ》んでいるような気分《きぶん》になったことのある人《ひと》もいるのではないでしょうか。

しかし、国語《こくご》と読書《どくしょ》は別物《べつもの》です。

国語《こくご》は、文章《ぶんしょう》を読《よ》んで「最《もっと》も適切《てきせつ》な答《こた》えを選《えら》ぶ」こと、読書《どくしょ》は「自分《じぶん》の印象《いんしょう》に強《つよ》く残《のこ》る文章《ぶんしょう》と出合《であ》う」ことが目的《もくてき》です。

極端《きょくたん》に言《い》うと、**感情《かんじょう》を動《うご》かされる文章《ぶんしょう》が見《み》つかれば、読書《どくしょ》の目的《もくてき》は十分《じゅうぶん》に達成《たっせい》されているということです。**

はじめから正確《せいかく》に文章《ぶんしょう》を読《よ》み取《と》ろうとする必要《ひつよう》はありません。成績《せいせき》をよくしたいから本《ほん》を読《よ》まなければ、と思《おも》うと、いつまでたっても語彙力《ごいりょく》は上《あ》がりません。それよりも、読《よ》みたいと思《おも》う本《ほん》を自分《じぶん》が読《よ》みたいように読《よ》んでいく。そのほうが、語彙力《ごいりょく》は必然的《ひつぜんてき》に鍛《きた》えられます。語彙力《ごいりょく》が上《あ》がれば、自然《しぜん》と国語《こくご》の成績《せいせき》も上《あ》がります。

まずはお子《こ》さんが楽《たの》しく読《よ》める環境《かんきょう》を作《つく》りましょう。「楽《たの》しく読《よ》む⇓読《よ》む量《りょう》が増《ふ》えて、語彙力《ごいりょく》も上《あ》がる⇓国語《こくご》の成績《せいせき》も後《あと》から上《あ》がってくる」という段階《だんかい》を意識《いしき》すれば、徐々《じょじょ》に結果《けっか》もついてきます。

読書《どくしょ》で身《み》につく力《ちから》とは？

読書《どくしょ》は文章力《ぶんしょうりょく》もアップさせる

言葉《ことば》や文章《ぶんしょう》に触《ふ》れ合《あ》う機会《きかい》を増《ふ》やしていくことによって、**読《よ》む力《ちから》だけではなく、文章《ぶんしょう》を書《か》く力《ちから》も身《み》につきます。**たくさんの文章《ぶんしょう》を見《み》ていく中《なか》で、その表現方法《ひょうげんほうほう》や文章《ぶんしょう》の構成《こうせい》などに、自然《しぜん》と慣《な》れ親《した》しんでいくためです。

先《さき》ほどお伝《つた》えしたとおり、私自身《わたしじしん》、以前《いぜん》はまったく本《ほん》など読《よ》もうとも思《おも》わない人間《にんげん》でした。しかし速読《そくどく》を究《きわ》め、本《ほん》の読《よ》み方《かた》を知《し》って、たくさん読《よ》むようになりました。

そのおかげで、年間《ねんかん》2冊《さつ》ペースで本《ほん》を書《か》き続《つづ》けながら、毎日《まいにち》メールマガジンまたはブログを執筆《しっぴつ》し、毎週会員向《まいしゅうかいいんむ》けメールマガジンを執筆《しっぴつ》するなど、たくさんの文章《ぶんしょう》を書《か》くことができるようになりました。

特《とく》に本《ほん》の執筆《しっぴつ》に関《かん》しては、わかりやすく書《か》く力《ちから》や論理的《ろんりてき》に書《か》く力《ちから》も求《もと》められますので、量的《りょうてき》にも質的《しつてき》にも、文章力《ぶんしょうりょく》は高《たか》まったと自負《じふ》しています。

アメリカのベストセラー作家《さっか》、スティーヴン・キング氏《し》が、『書《か》くことについて』（小学館《しょうがくかん》・２０１３年《ねん》）という本《ほん》の中《なか》で、こう語《かた》っています。「作家《さっか》になりたいなら、絶対《ぜったい》にしなければならないことは、たくさん読《よ》み、たくさん書《か》くことだ」と。

この言葉《ことば》は文章力《ぶんしょうりょく》を上《あ》げるためには、数多《かずおお》くの文章《ぶんしょう》を読《よ》むことが大《おお》きく関与《かんよ》していることを表《あらわ》しています。

文章《ぶんしょう》を書《か》く力《ちから》を身《み》につければ、読書感想文《どくしょかんそうぶん》や小論文《しょうろんぶん》などを書《か》くときに、大《おお》きく役立《やくだ》ちます。その後《ご》の人生《じんせい》でも、仕事《しごと》やプライベートなどで、その力《ちから》は大《おお》きく活《い》かされることでしょう。

この本《ほん》で目《め》指《ざ》していること

読書《どくしょ》は人生《じんせい》を切《き》り開《ひら》く基礎《きそ》になる

本書《ほんしょ》は読書嫌《どくしょぎら》いのお子《こ》さんでも読書《どくしょ》が楽《たの》しくなるように、ドリル形式《けいしき》でまとめました。読《よ》み終《お》わった後《あと》は、お子《こ》さんが簡単《かんたん》に読《よ》めて、興味《きょうみ》を持《も》つ本《ほん》を読《よ》ませてあげてください。読書《どくしょ》が習慣《しゅうかん》になることで、よりたくさんの言葉《ことば》を知《し》ることができます。文章力《ぶんしょうりょく》や、やり抜《ぬ》く力《ちから》、集中力《しゅうちゅうりょく》といった能力《のうりょく》も伸《の》ばすことができます。

何《なに》より、たくさんの本《ほん》と出合《であ》うことで、いろいろな人《ひと》の考《かんが》え方《かた》や世界観《せかいかん》などを知《し》ることができます。本書《ほんしょ》をきっかけに、お子《こ》さんの人生《じんせい》の選択肢《せんたくし》が少《すこ》しでも広《ひろ》がれば、著者《ちょしゃ》としてこの上《うえ》ない喜《よろこ》びです。

第《だい》2章《しょう》

読《よ》む力《ちから》が
ぐんぐん伸《の》びる
読書《どくしょ》ドリル

基《き》礎《そ》編《へん》

じゅんばんなぞりドリル

1から30までの数字《すうじ》がならんでいます。じゅんばんに目《め》でなぞっていきましょう。

この問題《もんだい》には、つかれた目《め》をストレッチしたり、文字《もじ》を読《よ》むスピードを速《はや》くしたりするこうかがあります。

すぐとけた人《ひと》のために、82、83ページにアルファベットをAからZのじゅんばんに見《み》つける問題《もんだい》を作《つく》りました。少《すこ》しむずかしいですが、チャレンジしてみましょう。

やり方《かた》

目《め》と首《くび》を動《うご》かさないように、
数字《すうじ》を目《め》でなぞりましょう。

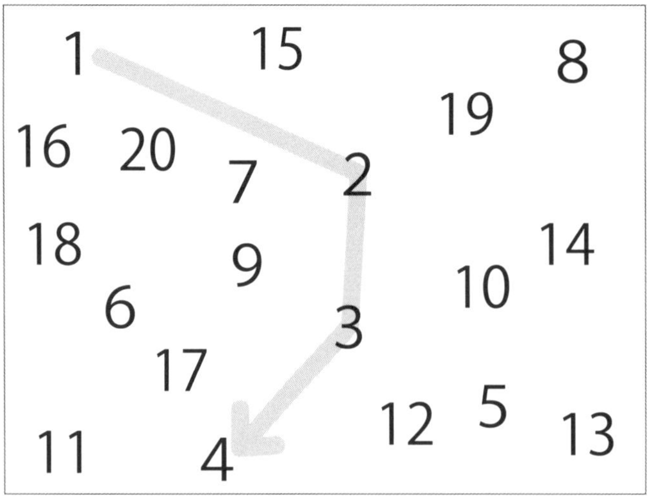

問《もん》題《だい》❶

6 16
19
2
11 27 8
25
23 10
4
1 24
17 29
14
18 28
30
9 13
3 20
21 26 5
12
15
7 22

問《もん》題《だい》❷

2 9

11 21

19 23 29

5

27

8 14 30

24 3

16 6 17

20 4

26

25 12

18

13

28

22 10

7 15 1

2 まちがいさがしドリル

2まいの絵《え》がならんでいます。右《みぎ》の絵《え》と左《ひだり》の絵《え》には、7つのまちがいがあります。まちがいを見《み》つけて丸《まる》でかこみましょう。

まちがいを速《はや》く見《み》つけるには、コツがあります。それは、リラックスしたしせいで、目《め》や首《くび》をできるだけ動《うご》かさずに絵《え》を見《み》ることです。そうすると、絵全体《えぜんたい》を見《み》ることができるので、まちがいの場所《ばしょ》も速《はや》く見《み》つけられるようになります。

やり方《かた》

右《みぎ》と左《ひだり》の絵《え》を見《み》くらべて、7つのちがうところを丸《まる》でかこみます。

問《もん》題《だい》❶

※答《こた》えは32ページ

問《もん》題《だい》❷

※答《こた》えは32ページ

問《もん》題《だい》❸

※答《こた》えは32ページ

hint

答《こた》え

❶

❷

❸

3

文字《もじ》まちがいさがしドリル

問題《もんだい》の中《なか》にたくさんの漢字《かんじ》がならんでいます。その中《なか》から1つだけちがう漢字《かんじ》を見《み》つけましょう。

この問題《もんだい》も、楽《らく》なしせいで、目《め》や首《くび》をできるだけ動《うご》かさずにさがすのがポイントです。

この問題《もんだい》ができるようになると、一度《いちど》にたくさんの文字《もじ》を見《み》られるようになり、テストで問題《もんだい》をとくスピードも速《はや》くなります。

やり方《かた》

全体《ぜんたい》を見《み》てから、ちがいがありそうなところを考《かんが》えてさがします。

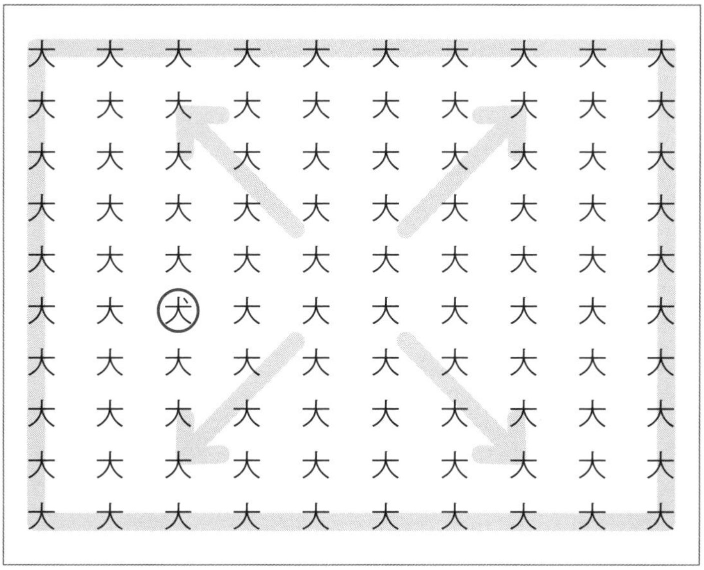
大大大大大大大大大大
大大大大大大大大大大
大大大大大大大大大大
大大大大大大大大大大
大大大大大大大大大大
大大犬大大大大大大大
大大大大大大大大大大
大大大大大大大大大大
大大大大大大大大大大
大大大大大大大大大大

問《もん》題《だい》❶

信	信	信	信	信	信
信	信	信	信	信	信
信	信	信	信	信	信
信	信	信	信	信	信
信	信	信	信	信	信
信	信	信	信	信	信
信	信	信	信	信	信
信	信	信	信	倍	信
信	信	信	信	信	信

※答《こた》えは40ページ

信 信 信 信 信 信

信 信 信 信 信 信

信 信 信 信 信 信

信 信 信 信 信 信

信 信 信 信 信 信

信 信 信 信 信 信

信 信 信 信 信 信

信 信 信 信 信 信

信 信 信 信 信 信

問題《もんだい》❷

恩	恩	恩	恩	恩	恩
恩	恩	恩	恩	恩	恩
恩	恩	恩	思	恩	恩
恩	恩	恩	恩	恩	恩
恩	恩	恩	恩	恩	恩
恩	恩	恩	恩	恩	恩
恩	恩	恩	恩	恩	恩
恩	恩	恩	恩	恩	恩
恩	恩	恩	恩	恩	恩

※答《こた》えは40ページ

恩 恩 恩 恩 恩 恩

恩 恩 恩 恩 恩 恩

恩 恩 恩 恩 恩 恩

恩 恩 恩 恩 恩 恩

恩 恩 恩 恩 恩 恩

恩 恩 恩 恩 恩 恩

恩 恩 恩 恩 恩 恩

恩 恩 恩 恩 恩 恩

恩 恩 恩 恩 恩 恩

問《もん》題《だい》❸

縁　縁　縁　縁　縁　縁

縁　縁　縁　縁　縁　縁

縁　縁　縁　縁　縁　縁

縁　縁　縁　縁　縁　縁

縁　縁　縁　縁　縁　縁

縁　縁　縁　縁　縁　縁

縁　縁　縁　縁　縁　縁

縁　縁　縁　縁　縁　縁

縁　縁　縁　縁　縁　縁

※答《こた》えは40ページ

縁	縁	縁	縁	縁	縁
縁	縁	縁	縁	縁	縁
縁	縁	縁	縁	縁	縁
縁	縁	縁	縁	縁	縁
縁	縁	縁	縁	縁	縁
縁	縁	縁	縁	縁	緑
縁	縁	縁	縁	縁	縁
縁	縁	縁	縁	縁	縁
縁	縁	縁	縁	縁	縁

答《こた》え

❶

信	信	信	信	信	信	信	信	信	信	信	信
信	信	信	信	信	信	信	信	信	信	信	信
信	信	信	信	信	信	信	信	信	信	信	信
信	信	信	信	信	信	信	信	信	信	信	信
信	信	信	信	信	信	信	信	信	信	信	信
信	信	信	信	信	信	信	信	信	信	信	信
信	信	信	信	信	信	信	信	信	信	信	信
信	信	信	信	信	信	信	信	信	信	倍	信
信	信	信	信	信	信	信	信	信	信	信	信

❷

恩	恩	恩	恩	恩	恩	恩	恩	恩	恩	恩	恩
恩	恩	恩	恩	恩	恩	恩	恩	恩	恩	恩	恩
恩	恩	恩	恩	恩	恩	恩	恩	恩	思	恩	恩
恩	恩	恩	恩	恩	恩	恩	恩	恩	恩	恩	恩
恩	恩	恩	恩	恩	恩	恩	恩	恩	恩	恩	恩
恩	恩	恩	恩	恩	恩	恩	恩	恩	恩	恩	恩
恩	恩	恩	恩	恩	恩	恩	恩	恩	恩	恩	恩
恩	恩	恩	恩	恩	恩	恩	恩	恩	恩	恩	恩
恩	恩	恩	恩	恩	恩	恩	恩	恩	恩	恩	恩

❸

縁	縁	縁	縁	縁	縁	縁	縁	縁	縁	縁	縁
縁	縁	縁	縁	縁	縁	縁	縁	縁	縁	縁	縁
縁	縁	縁	縁	縁	縁	縁	縁	縁	縁	縁	縁
縁	縁	縁	縁	縁	縁	縁	縁	縁	縁	縁	縁
縁	縁	縁	縁	縁	縁	縁	縁	縁	縁	縁	縁
縁	縁	縁	縁	縁	緑	縁	縁	縁	縁	縁	縁
縁	縁	縁	縁	縁	縁	縁	縁	縁	縁	縁	縁
縁	縁	縁	縁	縁	縁	縁	縁	縁	縁	縁	縁
縁	縁	縁	縁	縁	縁	縁	縁	縁	縁	縁	縁

4 もようまちがいさがしドリル

動物《どうぶつ》や乗《の》り物《もの》の絵《え》の中《なか》に、1つだけ、もようのちがうものがあります。それをすばやく見《み》つけて、丸《まる》でかこみましょう。

なかなか見《み》つからないときは、本《ほん》を少《すこ》し目《め》からはなして見《み》るようにしましょう。今《いま》までより速《はや》く見《み》つけられるようになるはずです。

この問題《もんだい》をとくスピードが速《はや》くなればなるほど、文字《もじ》を見《み》るスピードも速《はや》くなります。

やり方《かた》

1つだけ、ちがう絵《え》をさがします。

ヒント：1頭《とう》だけ耳《みみ》のもようがちがいます

問《もん》題《だい》 ❶

※答《こた》えは50ページ

ヒント：白《しろ》い線《せん》に注目《ちゅうもく》！

問《もん》題《だい》❷

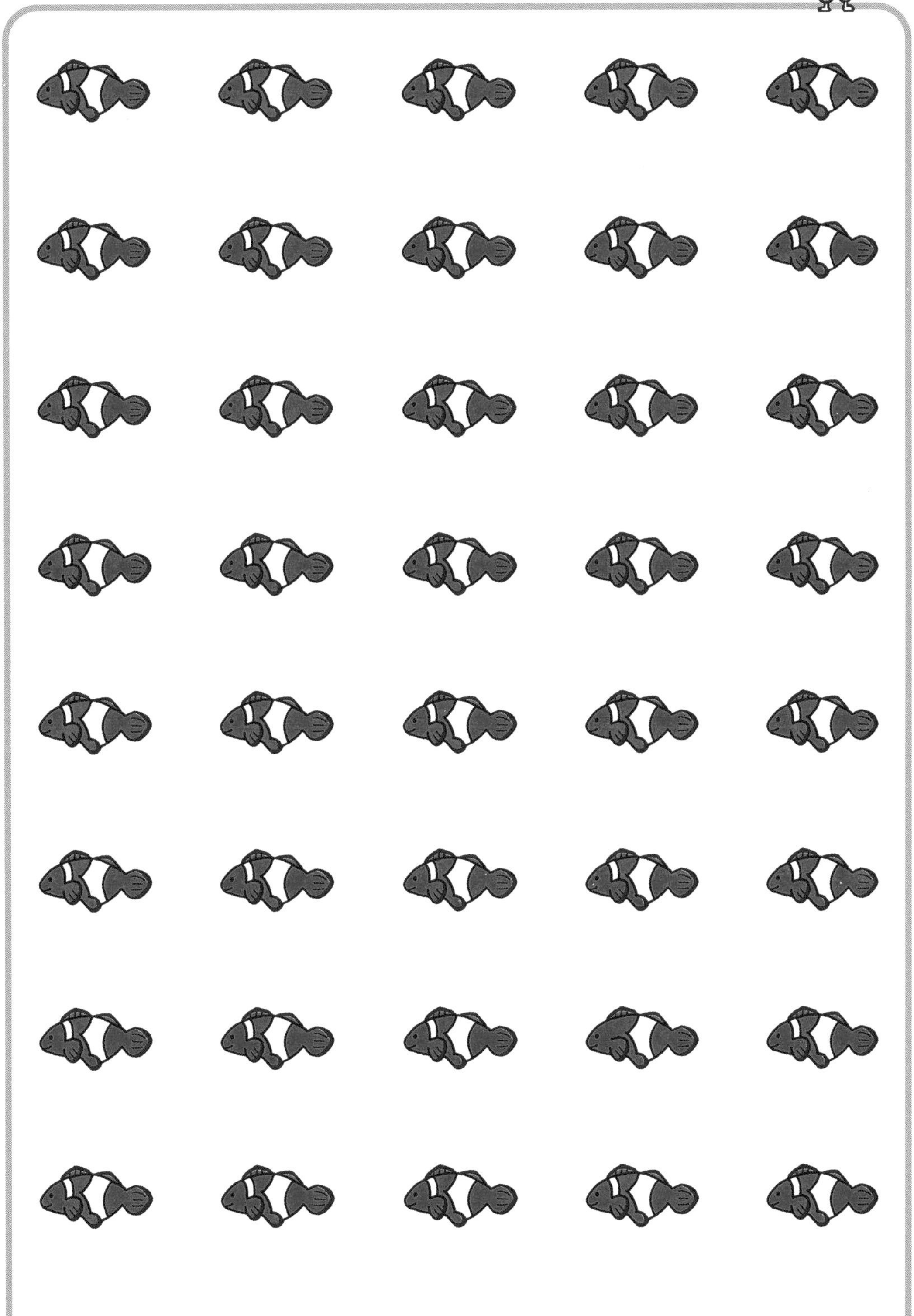

※答《こた》えは50ページ

ヒント：1本《ぽん》だけりんごの数《かず》がちがいます

問題《もんだい》❸

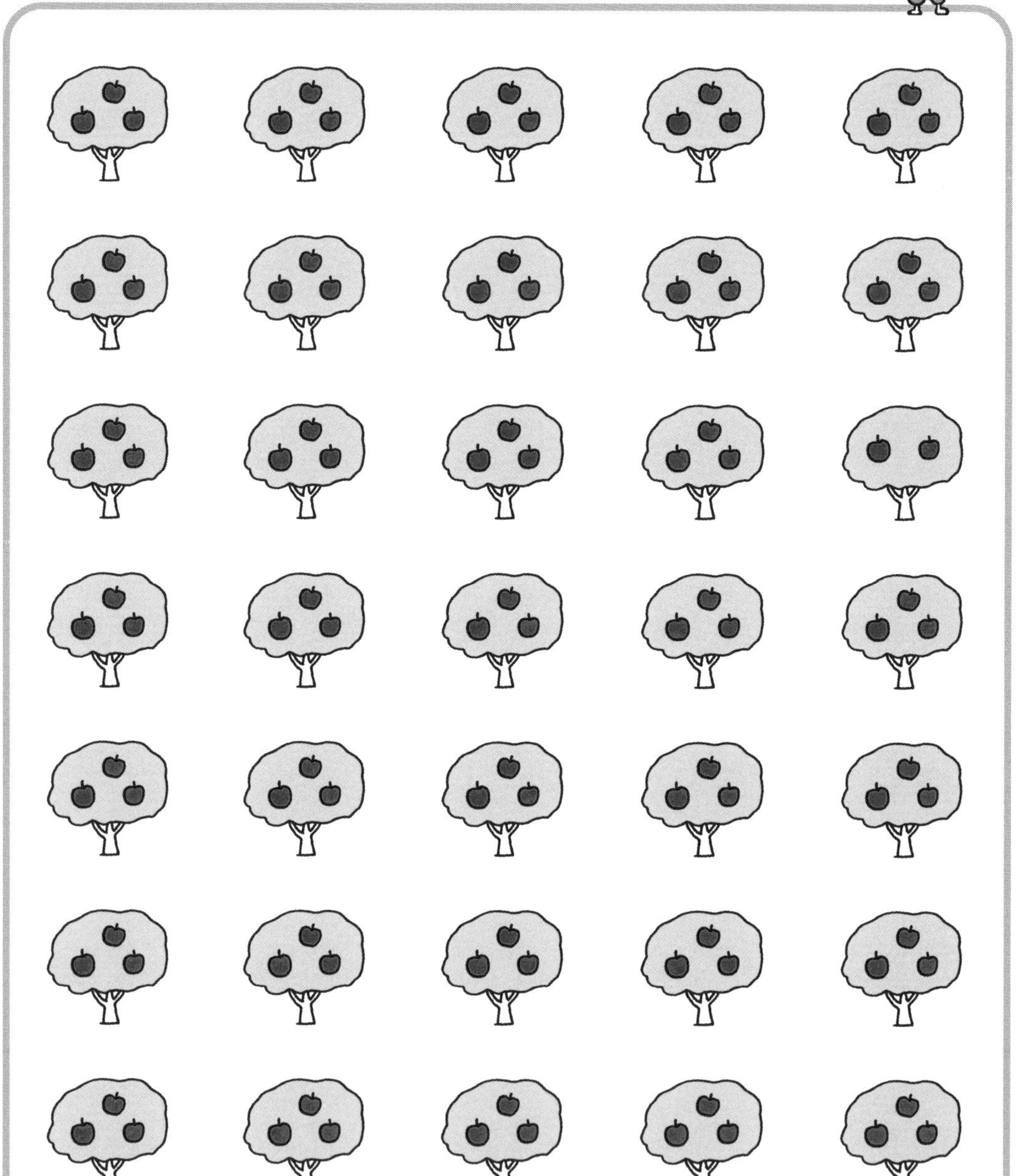

※答《こた》えは50ページ

5

図形《ずけい》まちがいさがしドリル

問題《もんだい》の中《なか》に、「●」や「▲」などの図形《ずけい》や短《みじか》い言葉《ことば》がならんでいます。右《みぎ》のらんと左《ひだり》のらんを見《み》くらべて、右《みぎ》のらんの方《ほう》が数《かず》が多《おお》い図形《ずけい》や文字《もじ》を探《さが》して、数《かず》を数《かぞ》えましょう。

97から99ページの問題《もんだい》には、よりレベルの高《たか》い「四字《よじ》じゅく語《ご》」がならんでいます。

漢字《かんじ》がわからなくても、だいじょうぶ。答《こた》えに書《か》いてある読《よ》み方《かた》と意味《いみ》を知《し》れば、読書《どくしょ》をするのがもっと楽《たの》しくなるでしょう。

やり方《かた》

左《ひだり》のらんより数《かず》がおおい図形《ずけい》や文字《もじ》を、右《みぎ》のらんから見《み》つけましょう。

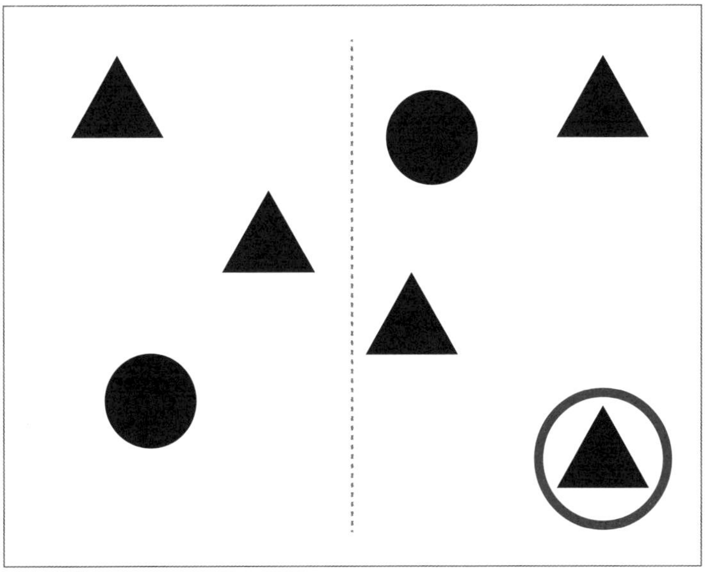

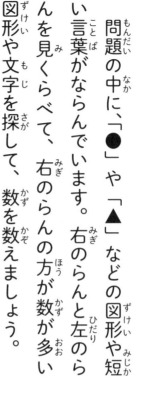

ヒント：右《みぎ》のらんの方《ほう》が１つだけ図形《ずけい》の数《かず》が多《おお》いよ！

問題《もんだい》❶

※答《こた》えは51ページ

ヒント：答《こた》えは１つとは限《かぎ》らないよ！

問《もん》題《だい》❷

※答《こた》えは51ページ

問《もん》題《だい》❸

とり

いぬ

いぬ

とり

ねこ

いぬ

とり

とり

いぬ

ねこ

とり

ねこ

※答《こた》えは51ページ

問《もん》題《だい》❹

もも

みかん

りんご

りんご

みかん

もも

もも

りんご

みかん

もも

みかん

りんご

もも

りんご

もも

もも

※答《こた》えは51ページ

答《こた》え

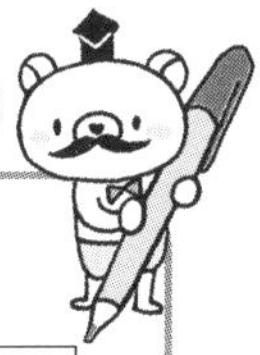

❶

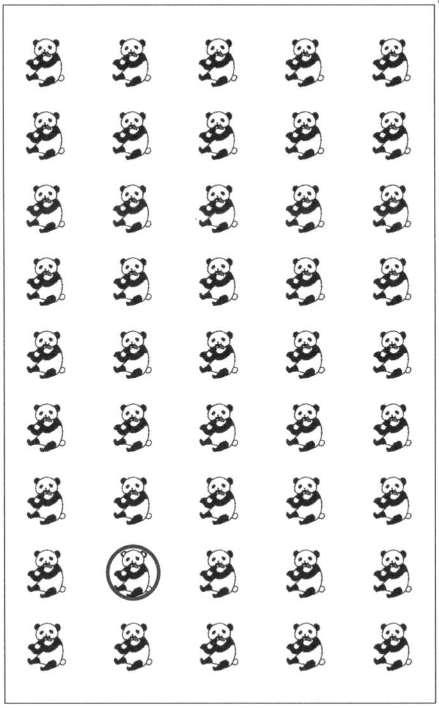

❷

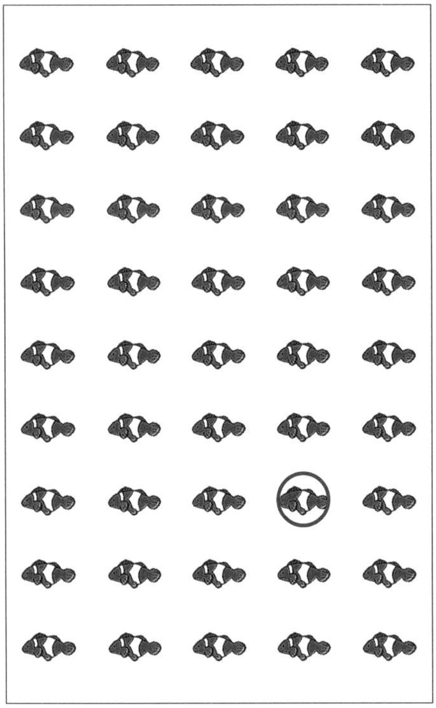

❸

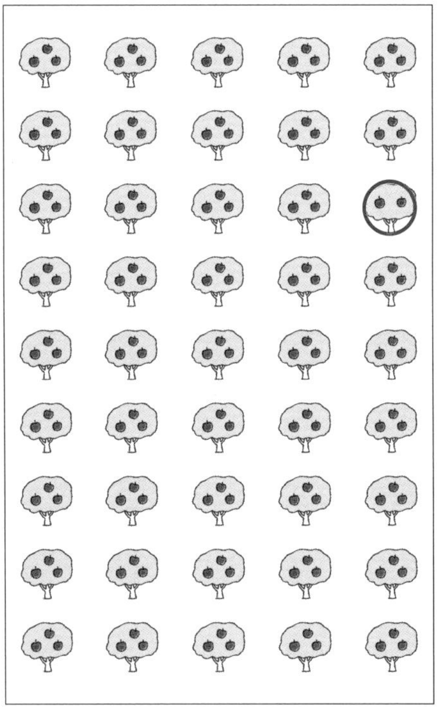

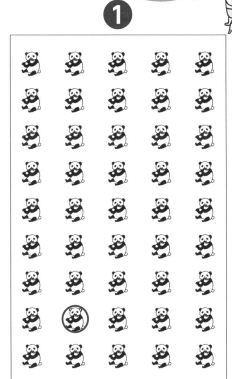

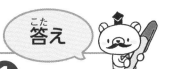

答《こた》え

❶

左《ひだり》とくらべて、右《みぎ》は「◆」が１つおおい

❷

左《ひだり》とくらべて、右《みぎ》は「▲」が１つ、「●」が２つおおい

❸

左《ひだり》とくらべて、右《みぎ》は「とり」と「ねこ」が１つずつおおい

❹

左《ひだり》とくらべて、右《みぎ》は「りんご」と「もも」が１つずつおおい

6 にんしきドリル

問題文《もんだいぶん》でしていする数字《すうじ》や文字《もじ》をさがしていく問題《もんだい》です。

1行《ぎょう》ずつ見《み》ていきながら、していする数字《すうじ》や文字《もじ》が見《み》つかったら、右《みぎ》はしにある四角《しかく》の中《なか》に、チェックマークをつけましょう。

問題《もんだい》をとき終《お》わったら、自分《じぶん》で紙《かみ》に数字《すうじ》や文字《もじ》を書《か》いて問題《もんだい》を作《つく》ってみましょう。本《ほん》をより速《はや》く読《よ》むトレーニングになります。

やり方《かた》

していされた数字《すうじ》や文字《もじ》があったら、☑をします。

「7」が入《はい》っていたら、☑にチェックマークを書《か》いてください。

	check
1 8 0 6 4 5 6 3 9 8	☐
1 7 6 9 0 4 3 2 1 5	☑
7 2 6 1 9 8 4 3 6 5	☑
6 3 2 9 1 5 8 5 4 0	☐

問《もん》題《だい》❶

「7」が入《はい》っていたら、☑にチェックマークを書《か》いてください。

										check
8	6	5	9	1	7	0	2	2	1	☑
2	8	3	6	1	5	0	9	2	4	☑
6	7	3	5	9	8	1	0	9	2	☑
3	0	8	1	3	7	5	2	6	2	☑
0	8	2	6	7	8	1	3	6	4	☑
3	4	6	2	8	9	5	1	0	5	☑
1	3	4	6	7	9	8	2	6	4	☑
7	6	3	8	1	3	8	5	9	1	☑
9	0	8	3	1	3	2	4	5	6	☑
2	3	9	4	8	1	6	5	5	3	☑

※答《こた》えは56ページ

「2」が入《はい》っていたら、☑にチェックマークを書《か》いてください。

										check
7	6	4	8	2	6	1	8	4	8	☑
8	1	1	7	6	8	4	3	7	2	☑
8	7	3	5	6	7	1	0	4	5	☑
5	1	4	2	7	8	3	0	9	0	☑
3	1	7	8	3	6	0	9	4	5	☑
9	3	4	8	2	9	7	0	5	4	☑
1	8	7	5	6	1	0	9	3	1	☑
2	4	3	7	8	0	9	6	1	5	☑
9	5	9	3	4	8	7	1	0	4	☑
7	6	3	8	2	9	7	8	6	1	☑

※答《こた》えは56ページ

「い」が入《はい》っていたら、☑にチェックマークを書《か》いてください。

check

あ え う う あ い お う あ え ☑

え う う お あ お え あ う あ ☑

お え う お あ い え う お い ☑

う う え お あ お あ え う あ ☑

お え う あ あ う お い あ え ☑

え う あ い お え う あ え お ☑

あ お え お あ う い え う え ☑

お い あ う え お あ あ う あ ☑

う う お う あ え う あ え お ☑

い え う お あ う え あ お う ☑

※答《こた》えは56ページ

答《こた》え

1

「7」が入《はい》っていたら、☐にチェックマークを書《か》いてください。

										check
8	6	5	9	1	7	0	2	2	1	✓
2	8	3	6	1	5	0	9	2	4	☐
6	7	3	5	9	8	1	0	9	2	✓
3	0	8	1	3	7	5	2	6	2	✓
0	8	2	6	7	8	1	3	6	4	✓
3	4	6	2	8	9	5	1	0	5	☐
1	3	4	6	7	9	8	2	6	4	✓
7	6	3	8	1	3	8	5	9	1	✓
9	0	8	3	1	3	2	4	5	6	☐
2	3	9	4	8	1	6	5	5	3	☐

2

「2」が入《はい》っていたら、☐にチェックマークを書《か》いてください。

										check
7	6	4	8	2	6	1	8	4	8	✓
8	1	1	7	6	8	4	3	7	2	✓
8	7	3	5	6	7	1	0	4	5	☐
5	1	4	2	7	8	3	0	9	0	✓
3	1	7	8	3	6	0	9	4	5	☐
9	3	4	8	2	9	7	0	5	4	✓
1	8	7	5	6	1	0	9	3	1	☐
2	4	3	7	8	0	9	6	1	5	✓
9	5	9	3	4	8	7	1	0	4	☐
7	6	3	8	2	9	7	8	6	1	✓

3

「い」が入《はい》っていたら、☐にチェックマークを書《か》いてください。

										check
あ	え	う	う	あ	い	お	う	あ	え	✓
え	う	う	お	あ	お	え	あ	う	あ	☐
お	え	う	お	あ	い	え	う	お	い	✓
う	う	え	お	あ	お	あ	え	う	あ	☐
お	え	う	あ	あ	う	お	い	あ	え	✓
え	う	あ	い	お	え	う	あ	え	お	✓
あ	お	え	お	あ	う	い	え	う	え	✓
お	い	あ	う	え	お	あ	あ	う	あ	✓
う	う	お	う	あ	え	う	あ	え	お	☐
い	え	う	お	あ	う	え	あ	お	う	✓

7

部首《ぶしゅ》さがしドリル

部首《ぶしゅ》というのは、漢字《かんじ》を形《かたち》づくっている
パーツのことです。
この問題《もんだい》では、見本《みほん》にある部首《ぶしゅ》がいくつか
くれているかを数《かぞ》えます。
部首《ぶしゅ》には、とくちょうがあります。
たとえば、「草《くさ》」という漢字《かんじ》に使《つか》われている
「草《くさ》かんむり」は、植物《しょくぶつ》にかんけいがあります。
部首《ぶしゅ》の意味《いみ》がわかると、本《ほん》の中《なか》に知《し》らない
漢字《かんじ》が出《で》てきても、しぜんと読《よ》み進《すす》められる
ようになります。

やり方《かた》

見本《みほん》の部首《ぶしゅ》がつく漢字《かんじ》に○をして、
その数《かず》を数《かぞ》えましょう

見本《みほん》

艹

芽	答	奈	楽
会	花	菜	等

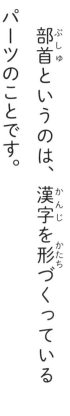

見本《みほん》

糸

見本《みほん》の部首《ぶしゅ》が入《はい》っている漢字《かんじ》の数《かず》を数《かぞ》えましょう。

□個《こ》

級	待	橋	径	種
秒	族	紙	特	係
緑	桜	孫	経	柱
細	増	私	識	採
続	結	技	独	縁
札	限	秋	終	科

※答《こた》えは62ページ

見本《みほん》

刂

見本《みほん》の部首《ぶしゅ》が入《はい》っている漢字《かんじ》の数《かず》を数《かぞ》えましょう。

□個《こ》

収	別	影	形	外
係	計	列	乳	刑
刻	即	打	取	朗
前	剣	割	印	野
郡	乱	彩	付	部
期	制	都	刈	材

※答《こた》えは62ページ

問題《もんだい》❸

見本《みほん》

月

見本《みほん》の部首《ぶしゅ》が入《はい》っている漢字《かんじ》の数《かず》を数《かぞ》えましょう。

□個《こ》

食	肌	観	胃	真
表	鼻	助	腰	脚
指	股	験	魚	議
社	員	費	肺	児
脈	養	敗	副	唱
脳	層	領	腕	責

※答《こた》えは62ページ

見本《みほん》

扌

見本《みほん》の部首《ぶしゅ》が入《はい》っている漢字《かんじ》の数《かず》を数《かぞ》えましょう。

□個《こ》

拾	結	牧	払	位
株	投	服	神	相
視	根	技	打	持
指	板	抜	径	秒
梅	振	談	折	流
場	紙	押	練	動

※答《こた》えは62ページ

答《こた》え

❶

9個《こ》

部首《ぶしゅ》の名前《なまえ》：いとへん

糸《いと》や、おり物《もの》にかんけいする漢字《かんじ》に使《つか》われます。

級	待	橋	径	種
秒	族	**紙**	特	係
緑	桜	孫	**経**	柱
細	増	私	識	採
続	**結**	技	独	**縁**
札	限	秋	**終**	科

❷

9個《こ》

部首《ぶしゅ》の名前《なまえ》：りっとう

切《き》ることにかんけいする漢字《かんじ》に使《つか》われます。

収	**別**	影	形	外
係	計	**列**	乳	**刑**
刻	即	打	取	朗
前	**剣**	**割**	印	野
郡	乱	彩	付	部
期	**制**	都	**刈**	材

❸

9個《こ》

部首《ぶしゅ》の名前《なまえ》：にくづき

体《からだ》にかんけいする漢字《かんじ》に使《つか》われます。

食	**肌**	観	**胃**	真
表	鼻	助	**腰**	**脚**
指	**股**	験	魚	議
社	員	費	**肺**	児
脈	養	敗	副	唱
脳	層	領	**腕**	責

❹

11個《こ》

部首《ぶしゅ》の名前《なまえ》：てへん

手《て》の動《うご》きにかんけいする漢字《かんじ》に使《つか》われます。

拾	結	牧	**払**	位
株	**投**	服	神	相
視	根	**技**	**打**	**持**
指	板	**抜**	径	秒
梅	**振**	談	**折**	流
場	紙	**押**	練	動

8 イメージさいげんドリル

絵《え》をしばらく見《み》て、とくちょうを覚《おぼ》えたあと、じっさいにかいてみる問題《もんだい》です。
絵《え》を見《み》る時間《じかん》は、はじめは、3びょうくらいにします。2回目《かいめ》からは、2びょう、1びようと、だんだん短《みじか》くしていきましょう。
この問題《もんだい》ができるようになると、イメージする力《ちから》が身《み》について、読書《どくしょ》がもっと楽《たの》しくなります。

やり方《かた》

もようをおぼえて、解答欄《かいとうらん》に
もようをかきます。

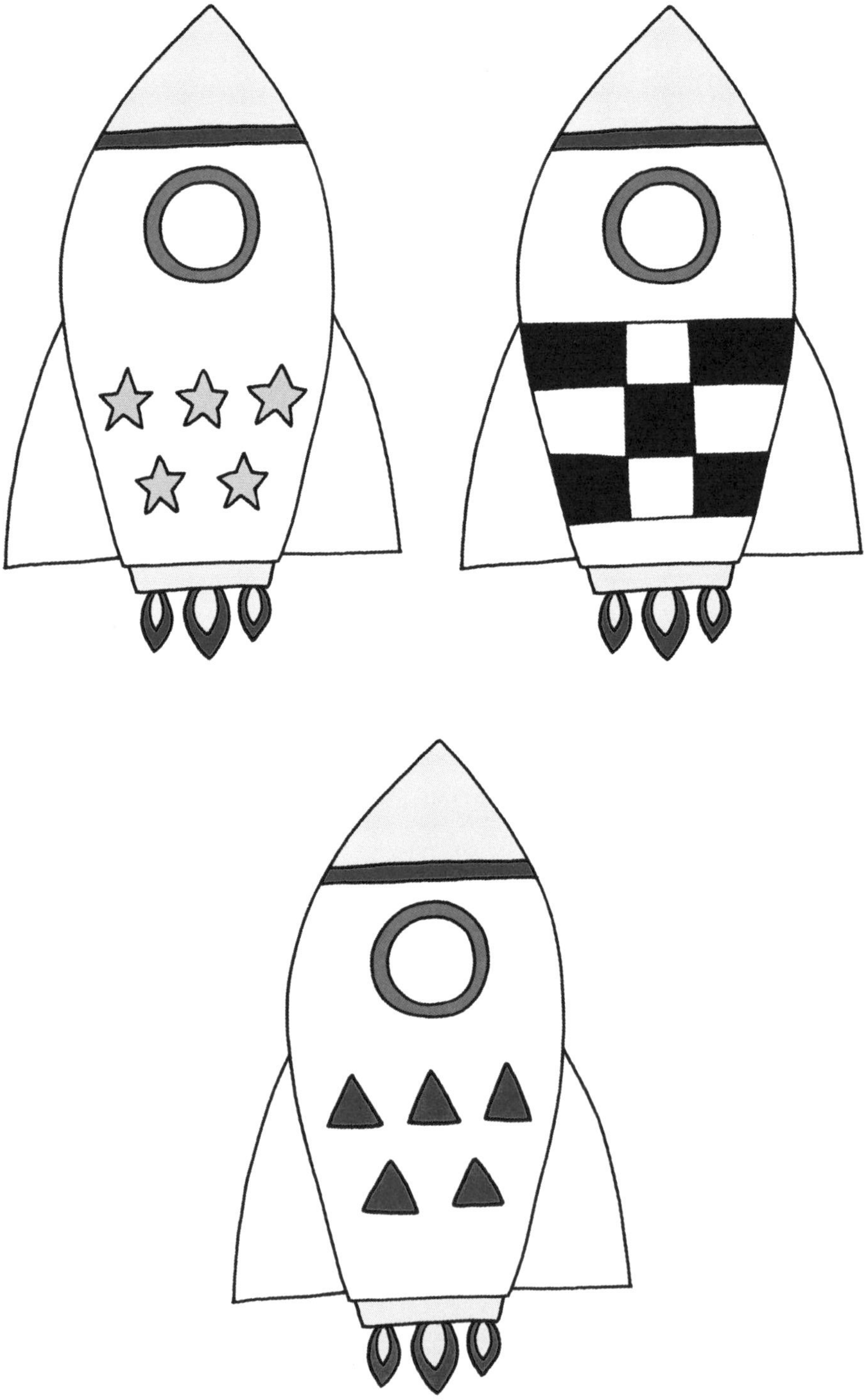

※解答欄《かいとうらん》は67ページ

問《もん》題《だい》❷

※解答欄《かいとうらん》は68ページ

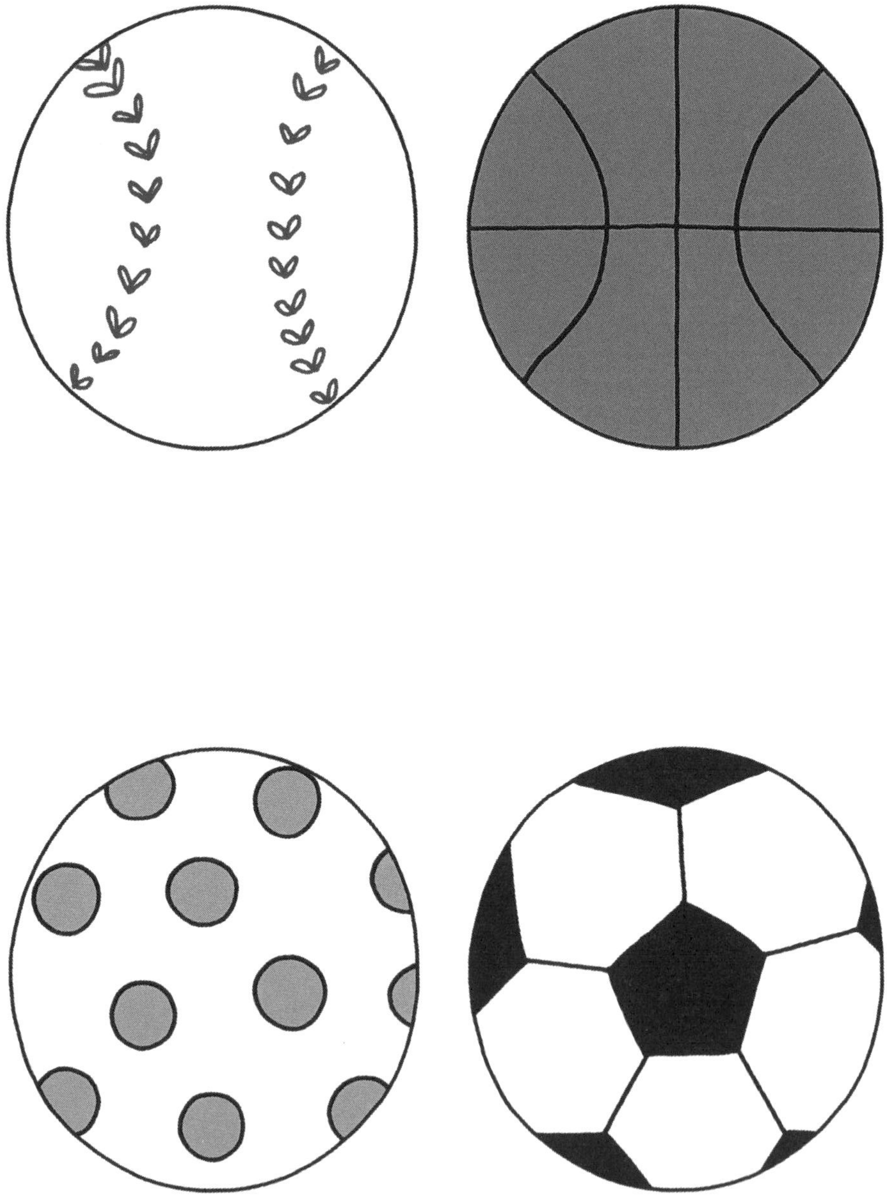

※解答欄《かいとうらん》は69ページ

解《かい》答《とう》欄《らん》❶

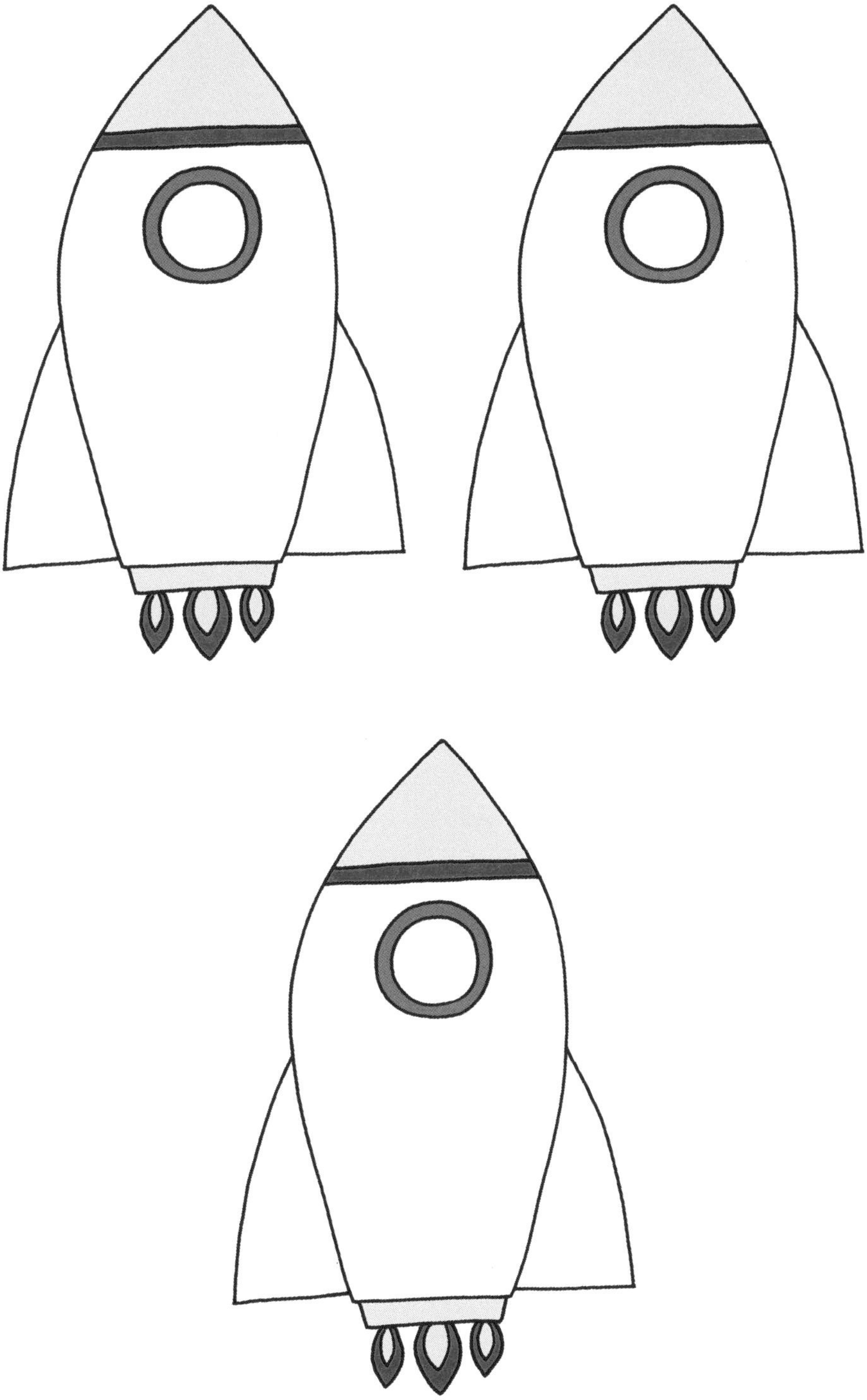

解答《かいとう》欄《らん》❷

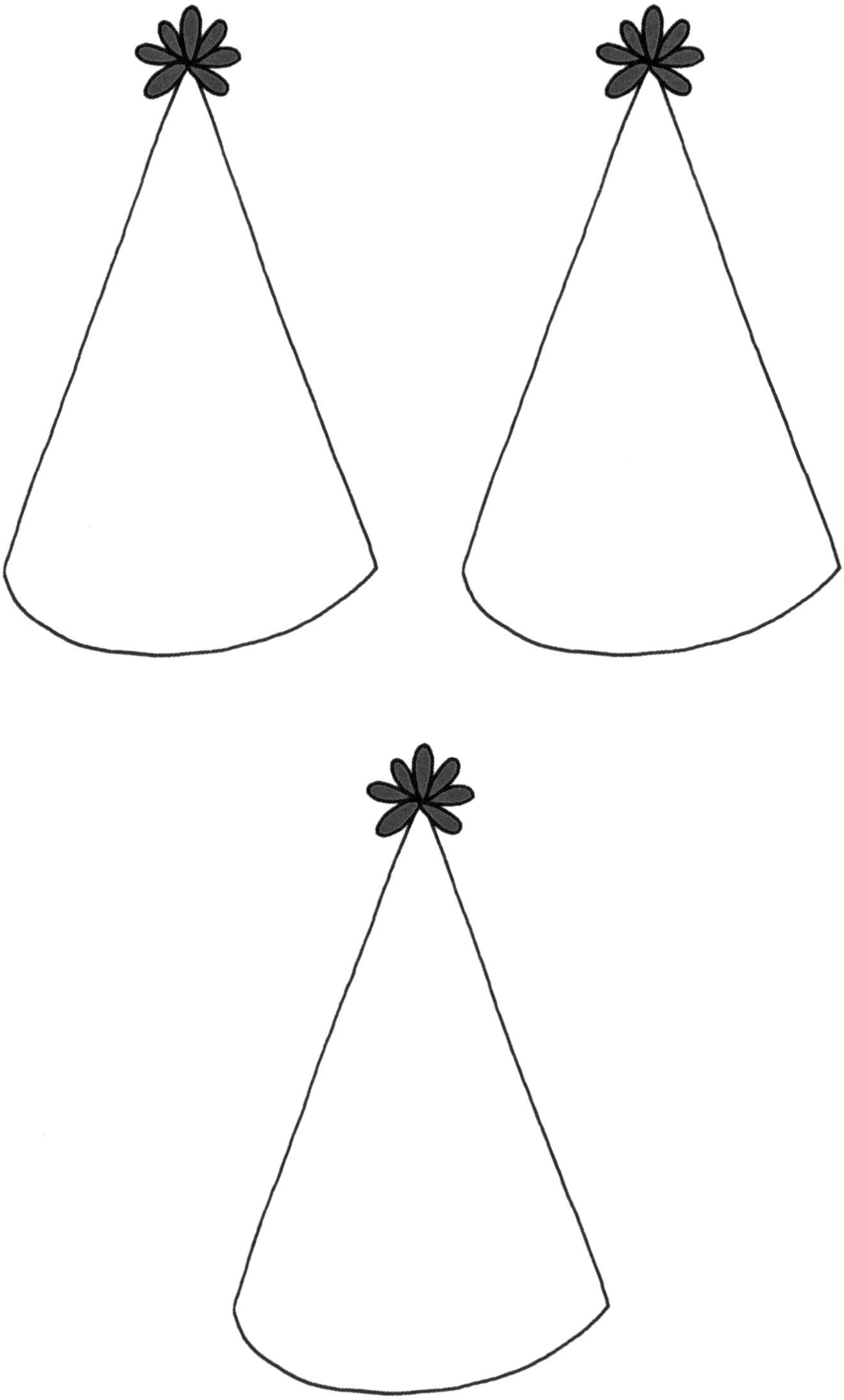

解答欄《かいとうらん》❸

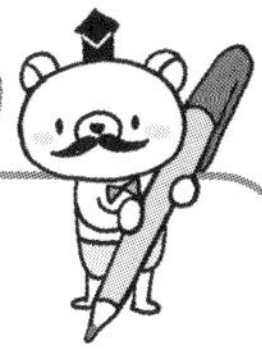

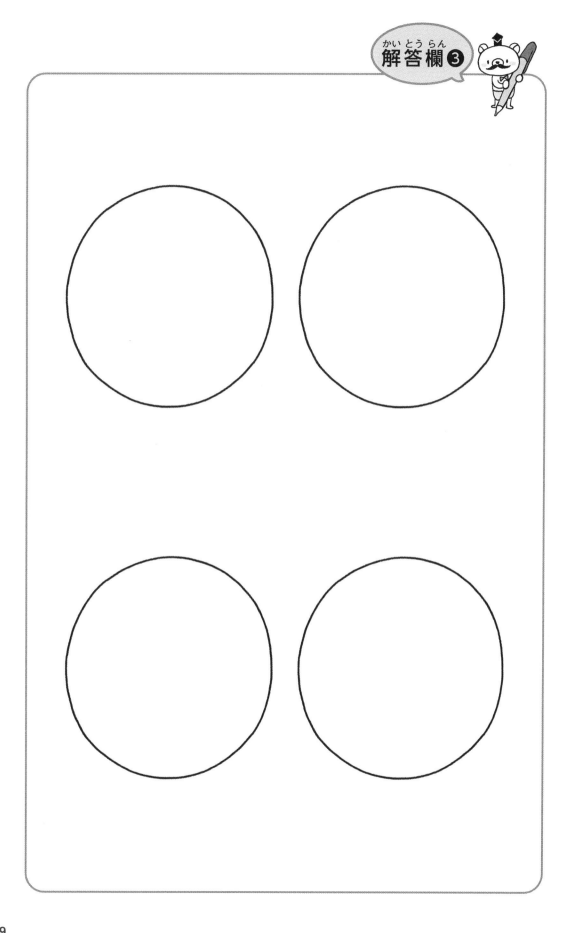

9

文字《もじ》さいげんドリル

やさいの絵《え》がある場所《ばしょ》をおぼえ、解答欄《かいとうらん》のページに「文字《もじ》」で答《こた》える問題《もんだい》です。先《さき》ほどの問題《もんだい》と同《おな》じく、一問一問《いちもんいちもん》ときながら、絵《え》を見《み》る時間《じかん》を、だんだん短《みじか》くしていきましょう。

この問題《もんだい》ができるようになると、本《ほん》を読《よ》むスピードが速《はや》くなって、読書《どくしょ》がもっと楽《たの》しくなります。日本語《にほんご》で答《こた》えられるようになったら、えい語《ご》で答《こた》えてみましょう。

やり方《かた》

やさいの場所《ばしょ》をおぼえて、
解答欄《かいとうらん》に文字《もじ》で書《か》きます。

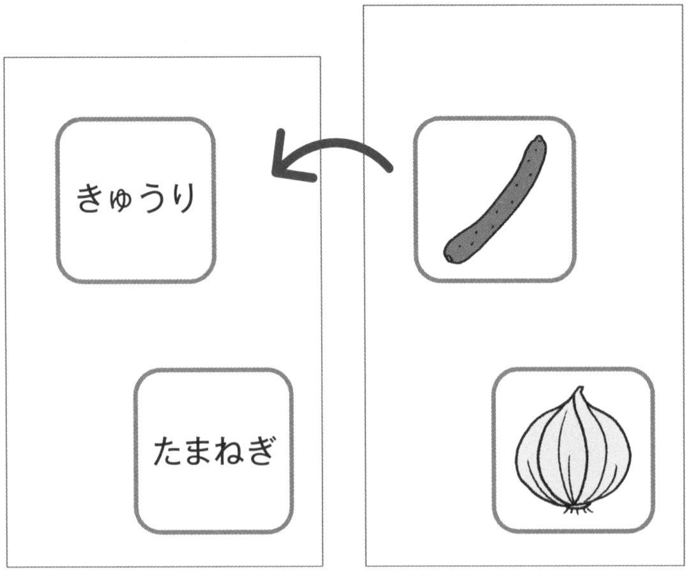

問《もん》題《だい》 ❶

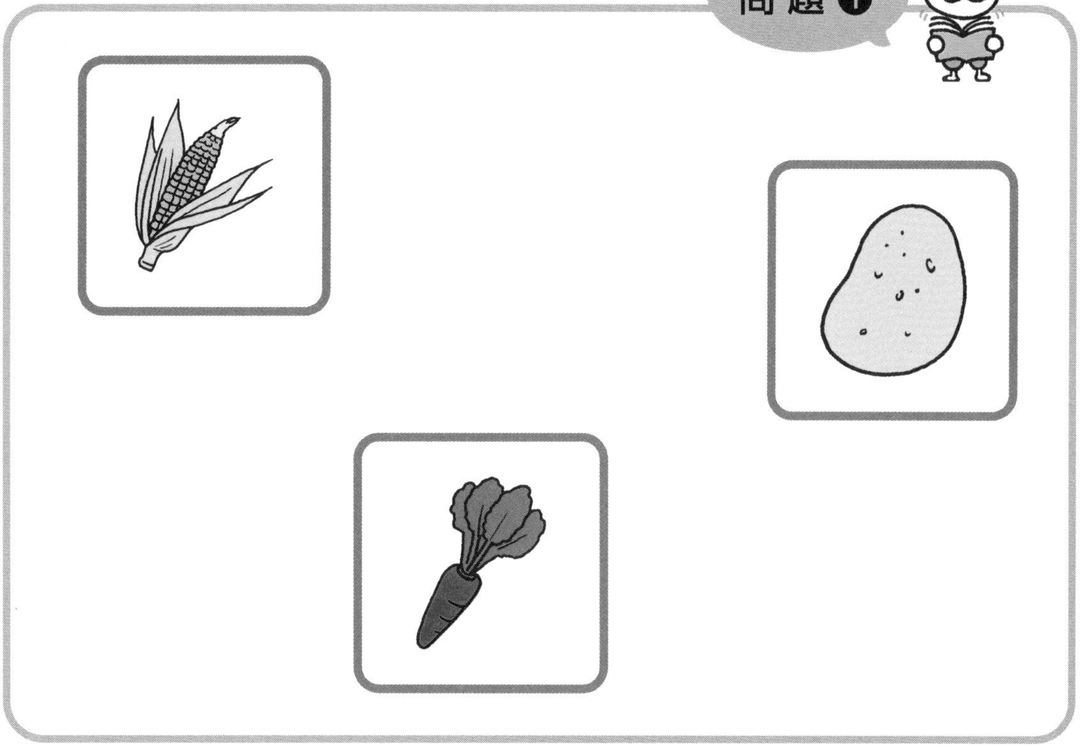

問《もん》題《だい》 ❷

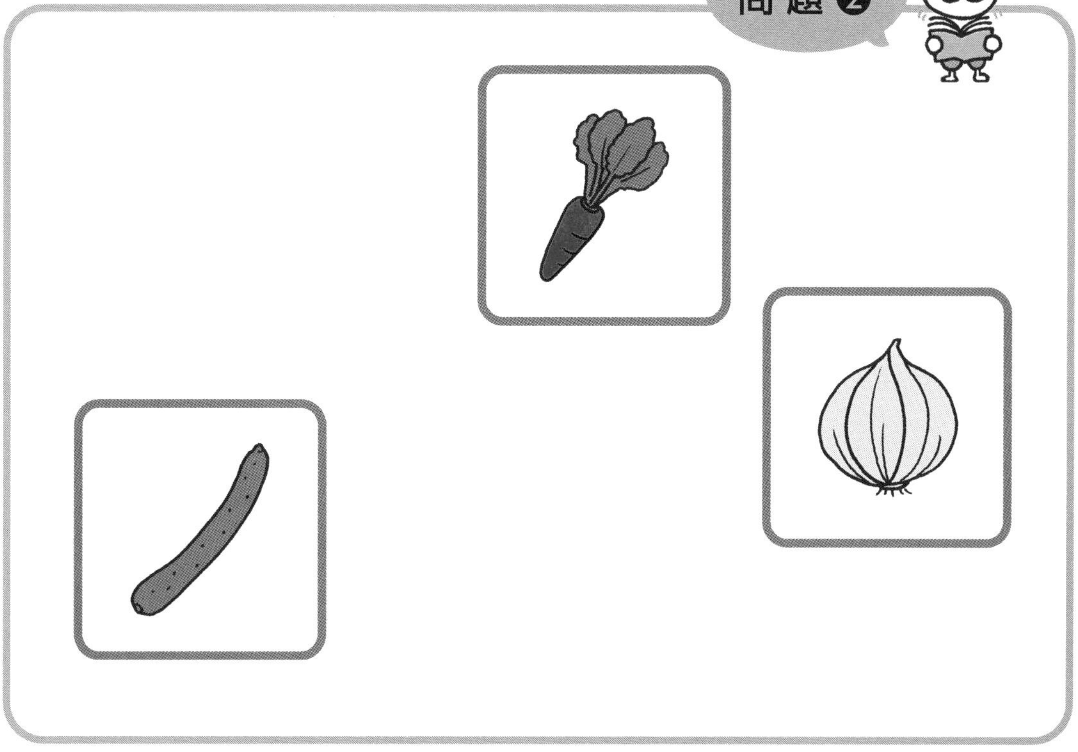

※解答欄《かいとうらん》は73ページ

問《もん》題《だい》❸

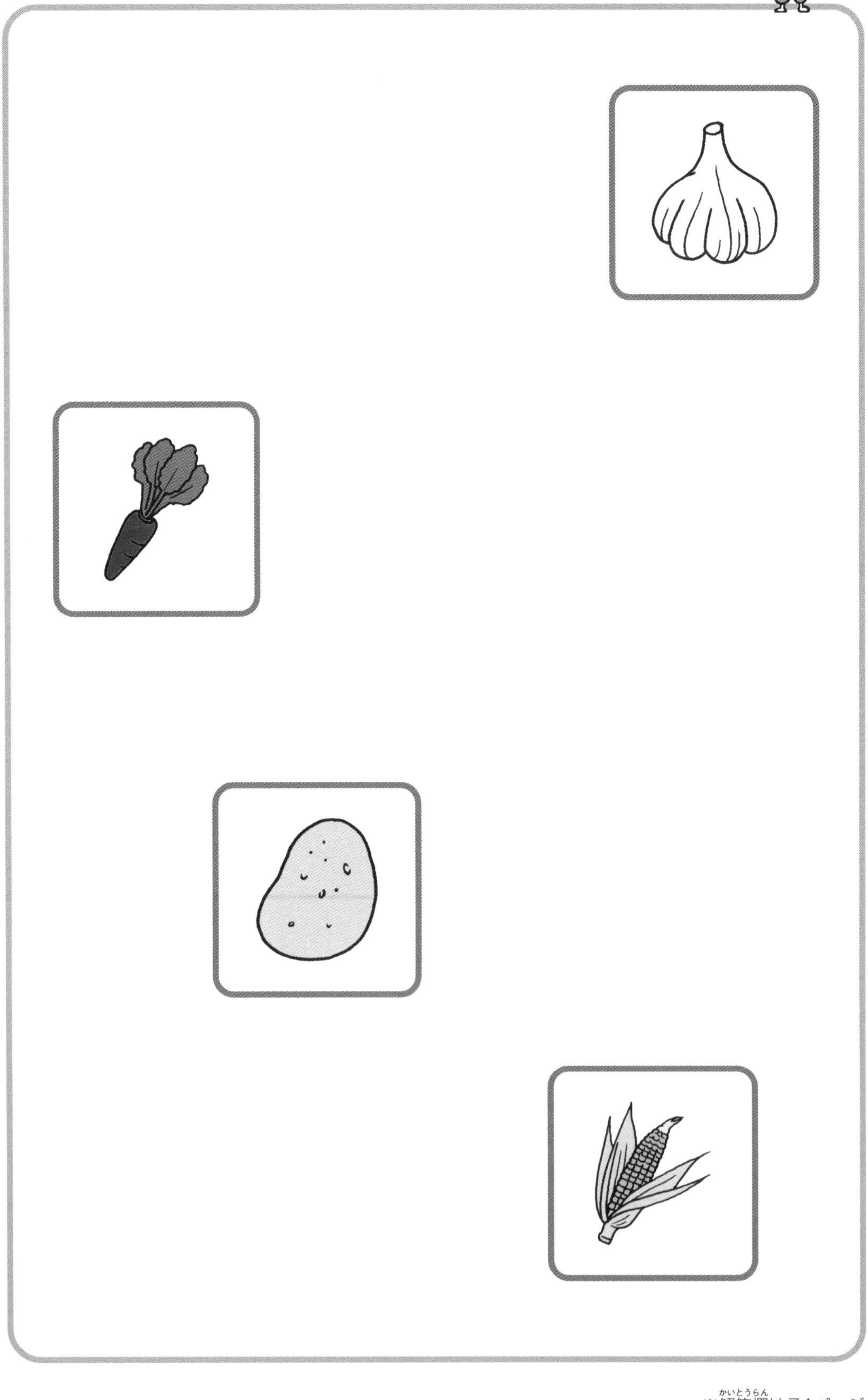

※解答欄《かいとうらん》は74ページ

解《かい》答《とう》欄《らん》❶

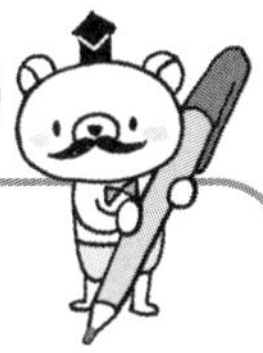

解《かい》答《とう》欄《らん》❷

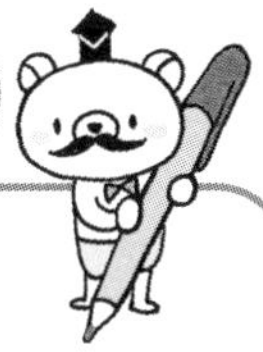

※答《こた》えは79ページ

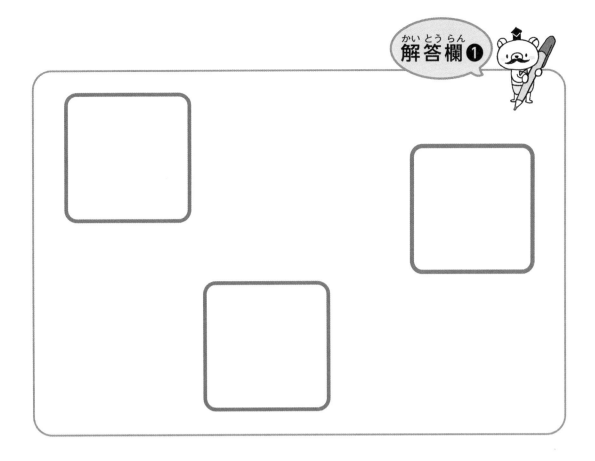

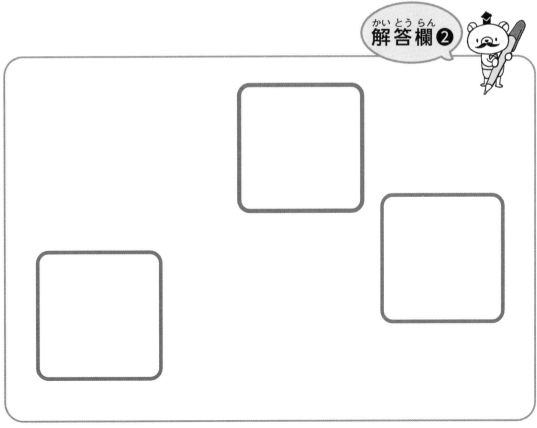

解《かい》答《とう》欄《らん》❸

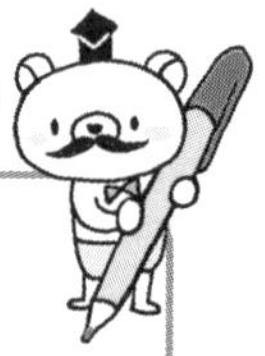

※答《こた》えは79ページ

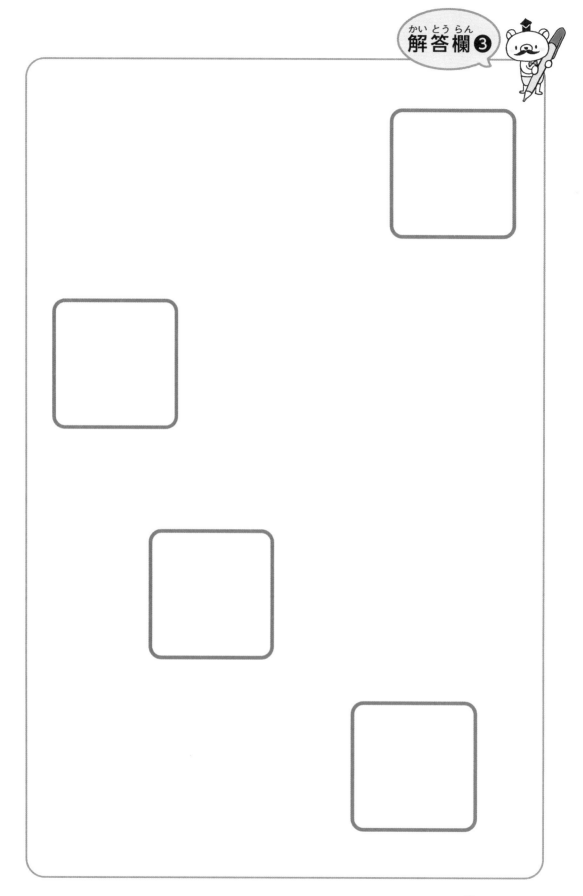

\10/ しりとりドリル

しりとりの空《あ》いているところをうめる問題《もんだい》です。書《か》いてある言葉《ことば》をヒントに、知《し》っている言葉《ことば》をよく思《おも》い出《だ》しながら、書《か》きこんでいきましょう。

答《こた》えの言葉《ことば》とちがう言葉《ことば》を書《か》いてしまっても、だいじょうぶ。しりとりになっていれば、正《せい》かいです。

どうしてもわからないところがあったら、答《こた》えを見《み》て、その言葉《ことば》をおぼえましょう。

やり方《かた》

しりとりになるように、四角《しかく》に言葉《ことば》を書《か》きましょう。

みどり→リンゴ
きいろ→ロック
ピンク→くるま
レッド→ドミノ
オレンジ→じだい
こげちゃ→やえば
あいいろ→ロシア

みどり→リ□□
きいろ→ロ□□
ピンク→く□□
レッド→ド□□
オレンジ→じ□□
こげちゃ→や□□
あいいろ→ロ□□

問《もん》題《だい》❶

くり→□□→すみれ

バナナ→□□→しょうゆ

かき→□□□□→りんご

ごぼう→□□□□→うみ

いちご→□□□→ラッパ

トマト→□□□→レモン

すいか→□□□→メダカ

キウイ→□□□→こども

きのこ→□□□→しじみ

キャベツ→□□□→メイク

※答《こた》えは80ページ

問《もん》題《だい》❷

ねずみ→□□□→ずこう

いるか→□□□→ランプ

くじら→□□□→コアラ

アシカ→□□□→おでこ

おうむ→□□□→データ

カラス→□□□→レンゲ

トカゲ→□□□→きゅうり

チョウ→□□□→ぎょうざ

パンダ→□□□→マント

くらげ→□□□→むしば

※答《こた》えは80ページ

問《もん》題《だい》❸

けやき→□□□→うんどう

さとう→□□□□→すもう

ぞうに→□□□□→りす

わかめ→□□□→こいぬ

らくだ→□□□→くるみ

まりも→□□□→クイズ

かかし→□□□□→りか

ほたる→□□□→ループ

もなか→□□□→みらい

いとこ→□□□→もうふ

※答《こた》えは80ページ

答《こた》え

❶

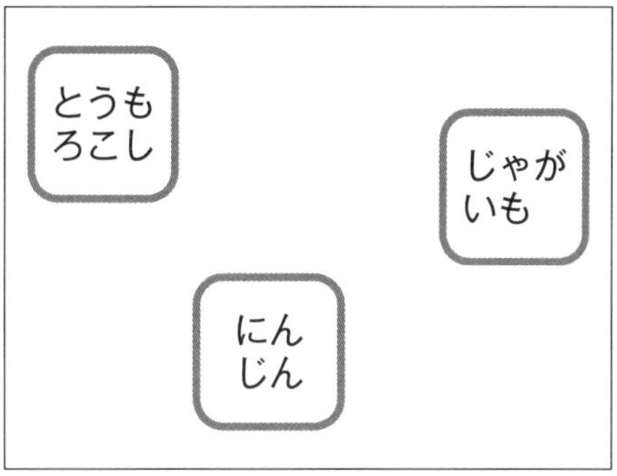
とうもろこし
じゃがいも
にんじん

❷

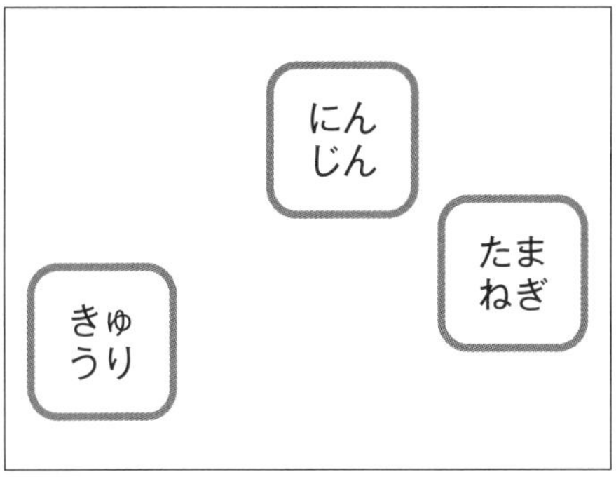
にんじん
たまねぎ
きゅうり

❸

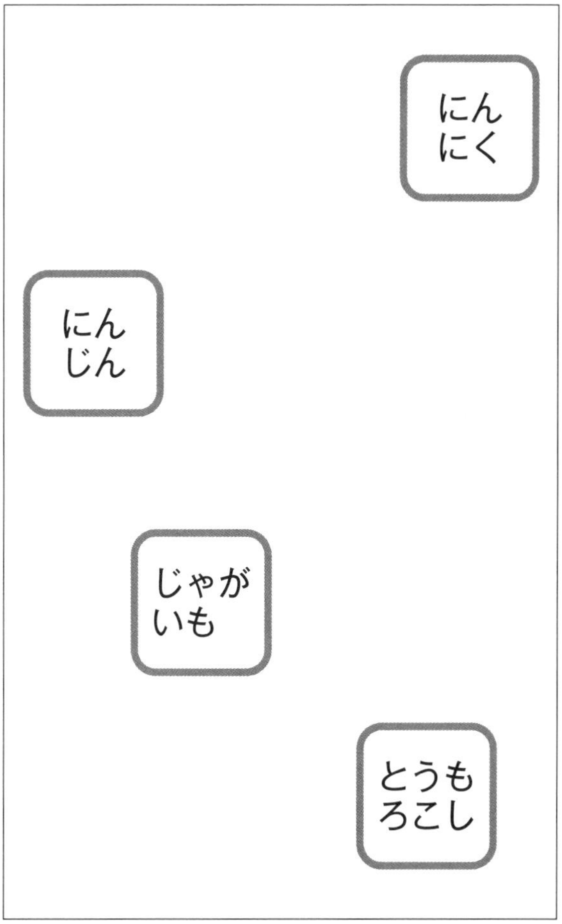
にんにく
にんじん
じゃがいも
とうもろこし

（えい語《ご》での答《こた》え）

トウモロコシ：corn《コーン》

ジャガイモ：potato《ポテト》

ニンジン：carrot《キャロット》

タマネギ：onion《オニオン》

キュウリ：cucumber《キューカンバー》

ニンニク：garlic《ガーリック》

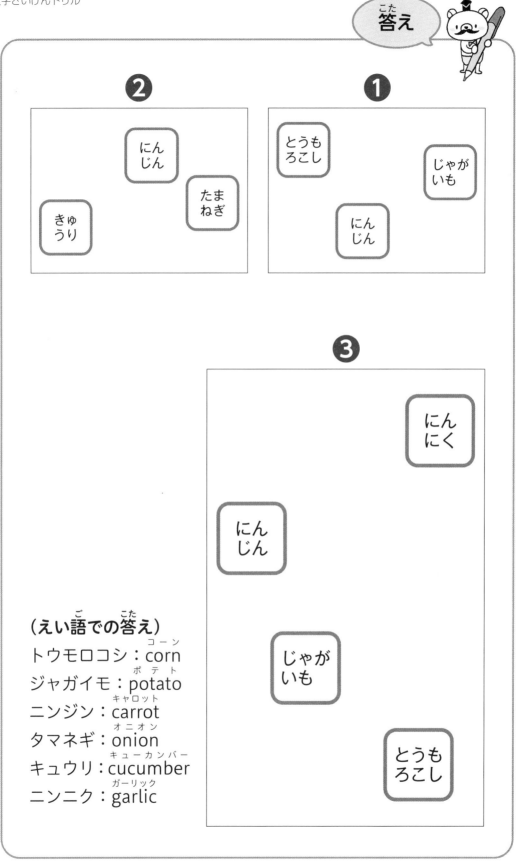

答《こた》え

❶

くり→りす→すみれ
バナナ→なし→しょうゆ
かき→きゅうり→りんご
ごぼう→うんどう→うみ
いちご→ゴリラ→ラッパ
トマト→トイレ→レモン
すいか→かもめ→メダカ
キウイ→インコ→こども
きのこ→こけし→しじみ
キャベツ→つばめ→メイク

❷

ねずみ→ミミズ→ずこう
いるか→カメラ→ランプ
くじら→らっこ→コアラ
アシカ→カツオ→おでこ
おうむ→ムカデ→データ
カラス→スミレ→レンゲ
トカゲ→げんき→きゅうり
チョウ→うさぎ→ぎょうざ
パンダ→だるま→マント
くらげ→ゲーム→むしば

❸

けやき→きょう→うんどう
さとう→うぐいす→すもう
ぞうに→にわとり→りす
わかめ→めんこ→こいぬ
らくだ→だいく→くるみ
まりも→もずく→クイズ
かかし→しりとり→りか
ほたる→ルール→ループ
もなか→かがみ→みらい
いとこ→こども→もうふ

第《だい》3章《しょう》

読《よ》む力《ちから》が
ぐんぐん伸《の》びる
読書《どくしょ》ドリル

レベルアップ \ 1 /

じゅんばんなぞりドリル

問《もん》題《だい》❶

やり方《かた》は22ページ

V S R N

P

C

K W

E T B

J H

G

F Y O M

L

A U

X Q

Z I D

問題《もんだい》❷

n r g

a x h

c

w m

i

p

t

e

s

u

k z

y

b

v o

d

f

j q l

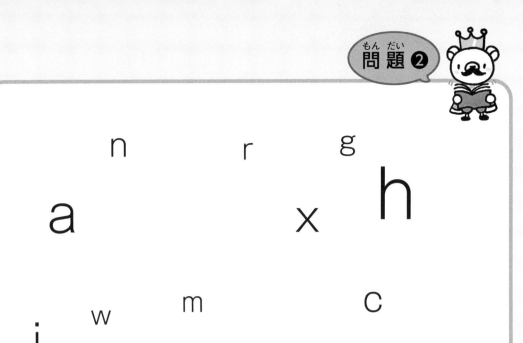

レベルアップ \2/

まちがいさがしドリル

※答《こた》えは92ページ

問題《もんだい》 1

やり方《かた》は25ページ

※まちがいは全部《ぜんぶ》で７つあるよ

問《もん》題《だい》❷

※答《こた》えは92ページ

レベルアップ \3/

文字《もじ》まちがいさがしドリル

優 優 優 優 優 優

優 優 優 優 優 優

優 優 優 優 優 優

優 優 優 優 優 優

優 優 優 優 優 優

優 優 優 優 優 優

優 優 優 優 優 優

優 優 優 優 優 優

優 優 優 優 優 優

※答《こた》えは93ページ

問題《もんだい》❶

やり方《かた》は33ページ

優	優	優	優	優	優
優	優	優	優	優	優
優	優	優	優	優	優
優	優	優	優	優	優
優	擾	優	優	優	優
優	優	優	優	優	優
優	優	優	優	優	優
優	優	優	優	優	優
優	優	優	優	優	優

問《もん》題《だい》❷

嫁	嫁	嫁	嫁	嫁	嫁
嫁	嫁	嫁	嫁	嫁	嫁
嫁	嫁	嫁	嫁	嫁	嫁
嫁	嫁	嫁	嫁	嫁	嫁
嫁	嫁	嫁	稼	嫁	嫁
嫁	嫁	嫁	嫁	嫁	嫁
嫁	嫁	嫁	嫁	嫁	嫁
嫁	嫁	嫁	嫁	嫁	嫁
嫁	嫁	嫁	嫁	嫁	嫁

※答《こた》えは93ページ

嫁 嫁 嫁 嫁 嫁 嫁

嫁 嫁 嫁 嫁 嫁 嫁

嫁 嫁 嫁 嫁 嫁 嫁

嫁 嫁 嫁 嫁 嫁 嫁

嫁 嫁 嫁 嫁 嫁 嫁

嫁 嫁 嫁 嫁 嫁 嫁

嫁 嫁 嫁 嫁 嫁 嫁

嫁 嫁 嫁 嫁 嫁 嫁

嫁 嫁 嫁 嫁 嫁 嫁

答《こた》え

1

2

答《こた》え

❶

優	優	優	優	優	優	優	優	優	優	優	優
優	優	優	優	優	優	優	優	優	優	優	優
優	優	優	優	優	優	優	優	優	優	優	優
優	優	優	優	優	優	優	優	優	優	優	優
優	擾	優	優	優	優	優	優	優	優	優	優
優	優	優	優	優	優	優	優	優	優	優	優
優	優	優	優	優	優	優	優	優	優	優	優
優	優	優	優	優	優	優	優	優	優	優	優
優	優	優	優	優	優	優	優	優	優	優	優

❷

嫁	嫁	嫁	嫁	嫁	嫁	嫁	嫁	嫁	嫁	嫁	嫁
嫁	嫁	嫁	嫁	嫁	嫁	嫁	嫁	嫁	嫁	嫁	嫁
嫁	嫁	嫁	嫁	嫁	嫁	嫁	嫁	嫁	嫁	嫁	嫁
嫁	嫁	嫁	嫁	嫁	嫁	嫁	嫁	嫁	嫁	嫁	嫁
嫁	嫁	嫁	嫁	嫁	嫁	嫁	嫁	嫁	稼	嫁	嫁
嫁	嫁	嫁	嫁	嫁	嫁	嫁	嫁	嫁	嫁	嫁	嫁
嫁	嫁	嫁	嫁	嫁	嫁	嫁	嫁	嫁	嫁	嫁	嫁
嫁	嫁	嫁	嫁	嫁	嫁	嫁	嫁	嫁	嫁	嫁	嫁
嫁	嫁	嫁	嫁	嫁	嫁	嫁	嫁	嫁	嫁	嫁	嫁

レベルアップ \ 4 /

もようまちがいさがしドリル

やり方《かた》は41ページ

問《もん》題《だい》❶

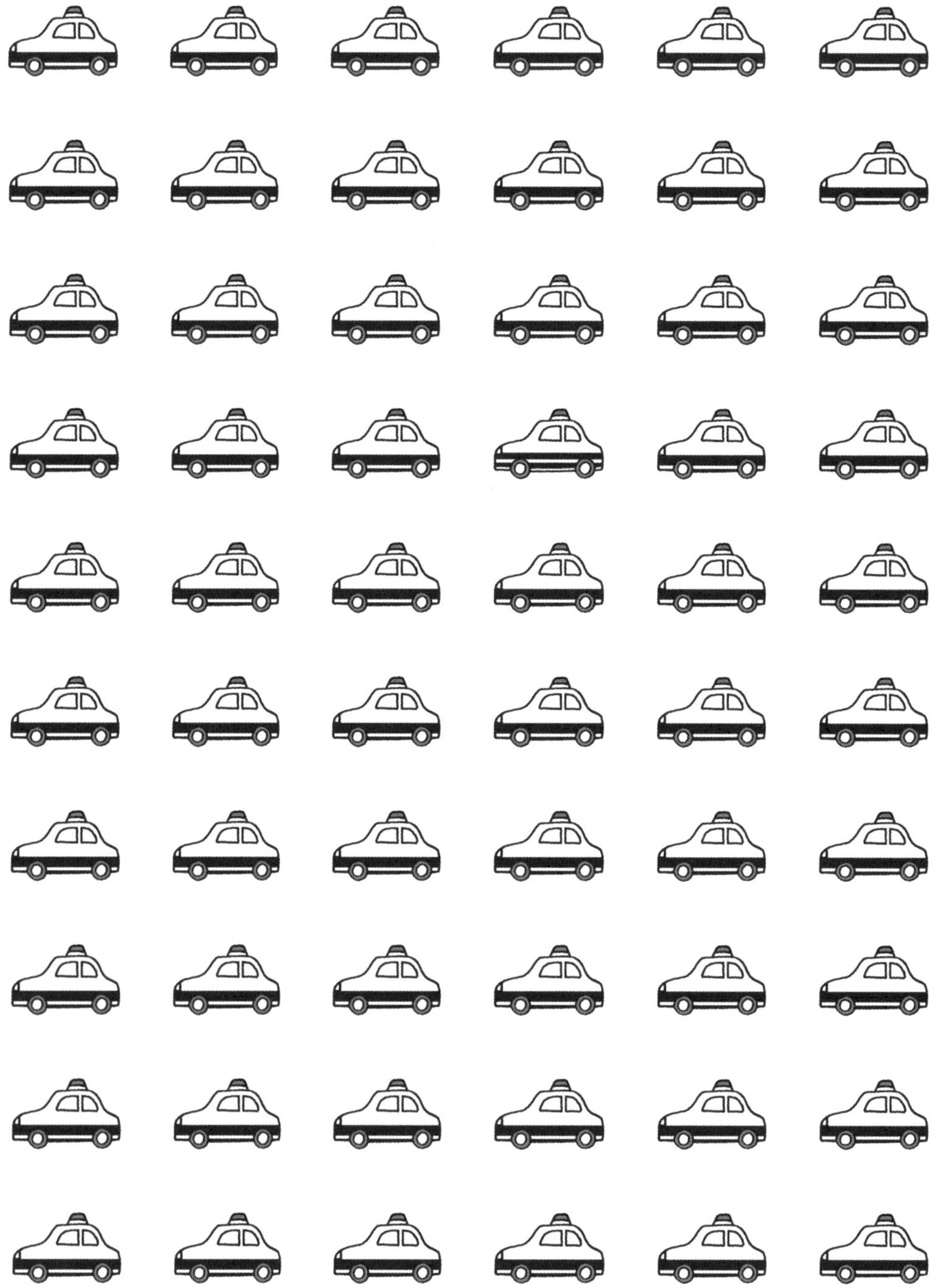

ヒント：黒《くろ》い線《せん》に注目《ちゅうもく》！

※答《こた》えは100ページ

問題《もんだい》❷

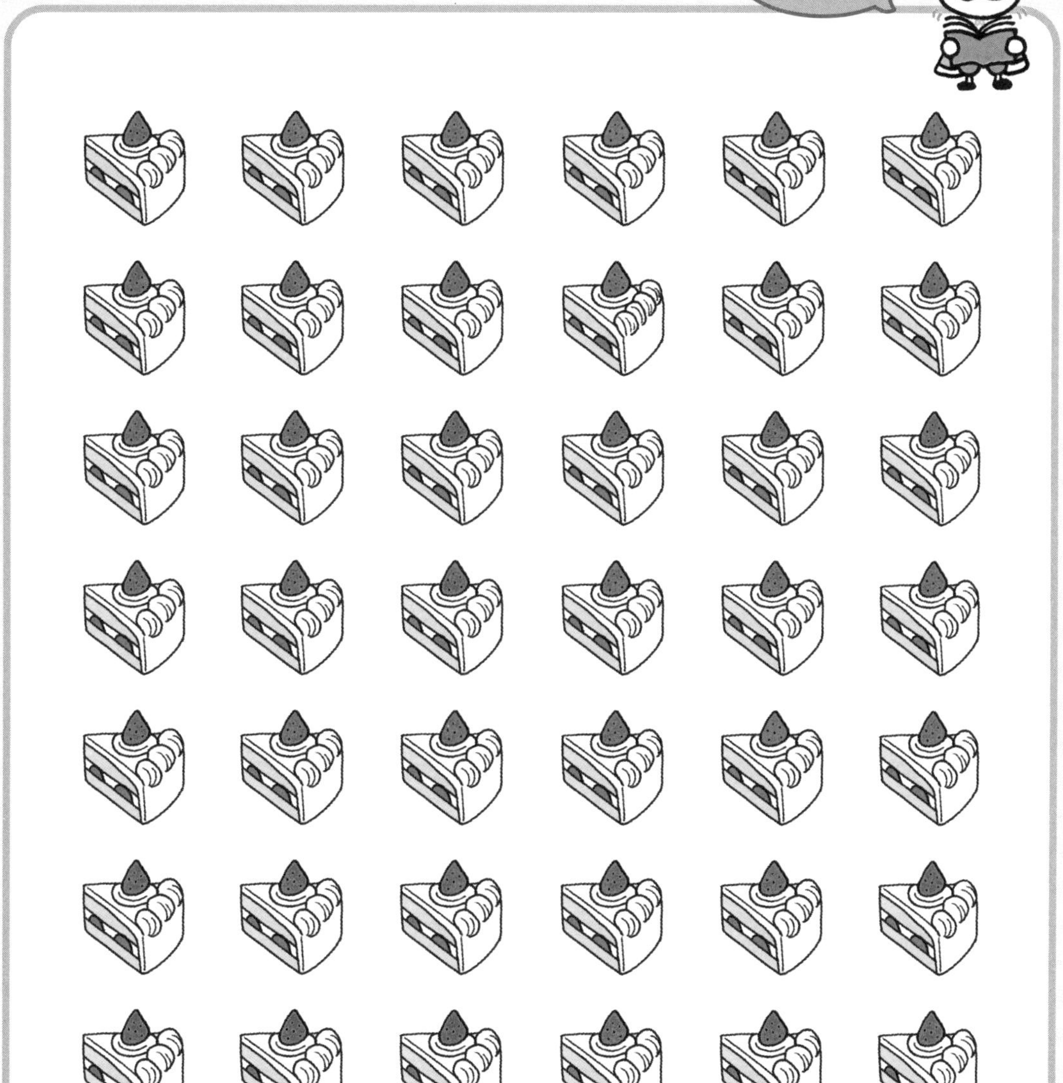

ヒント：クリームの数《かず》はいくつかな？

※答《こた》えは100ページ

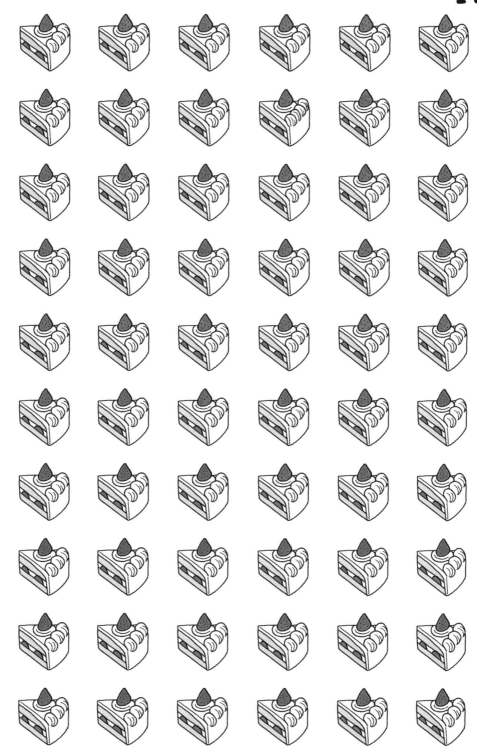

問《もん》題《だい》❸

※答《こた》えは100ページ

レベルアップ \ 5 /

四字《よじ》じゅく語《ご》まちがいさがしドリル

やり方《かた》は45ページ

問題《もんだい》❶

試行錯誤

順風満帆

試行錯誤

順風満帆

初志貫徹

初志貫徹

順風満帆

順風満帆

試行錯誤

初志貫徹

順風満帆

試行錯誤

※答《こた》えは101ページ

問《もん》題《だい》❷

因果応報

二束三文

正々堂々

因果応報

二束三文

画竜点睛

正々堂々

因果応報

正々堂々

画竜点睛

因果応報

画竜点睛

正々堂々

二束三文

因果応報

二束三文

正々堂々

※答《こた》えは101ページ

問《もん》題《だい》❸

温故知新

晴耕雨読

起死回生

猪突猛進

晴耕雨読

起死回生

温故知新

温故知新

晴耕雨読

猪突猛進

温故知新

晴耕雨読

猪突猛進

起死回生

温故知新

起死回生

晴耕雨読

※答《こた》えは101ページ

答《こた》え

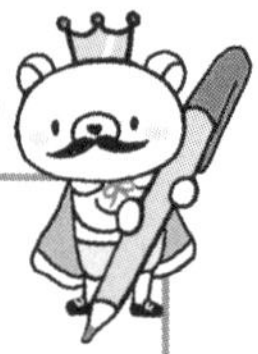

❶

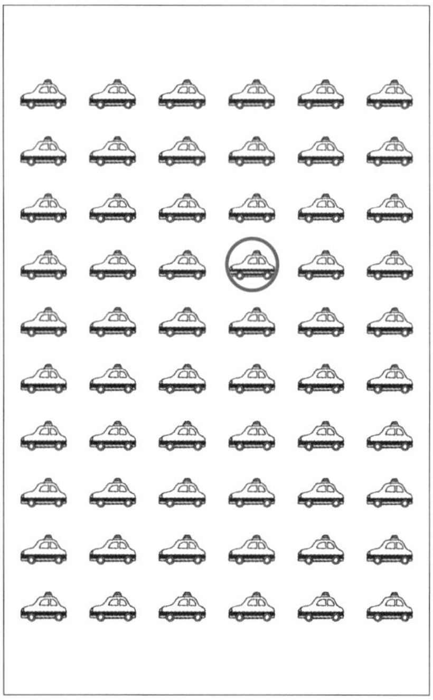

❷

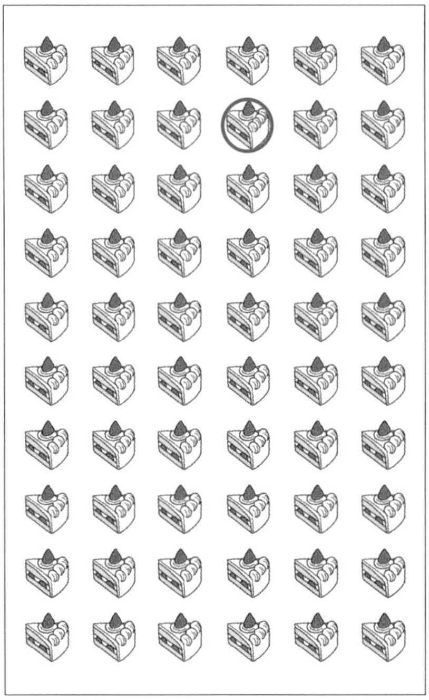

❸

郵便はがき

料金受取人払郵便

日本橋局
承　　認

8863

差出有効期間
2024年8月
11日まで

切手をお貼りになる
必要はございません。

1 0 3-8 7 9 0

953

中央区日本橋小伝馬町15-18
EDGE小伝馬町ビル9階
総合法令出版株式会社 行

本書のご購入、ご愛読ありがとうございました。
今後の出版企画の参考とさせていただきますので、
ぜひご意見をお聞かせください。

フリガナ お名前	性別 男・女	年齢 歳
ご住所　〒 TEL　　　（　　　）		
ご職業　1.学生　2.会社員・公務員　3.会社・団体役員　4.教員　5.自営業　6.主婦　7.無職　8.その他（　　　）		

メールアドレスを記載下さった方から、毎月5名様に書籍1冊プレゼント！

新刊やイベントの情報などをお知らせする場合に使用させていただきます。

※書籍プレゼントご希望の方は、下記にメールアドレスと希望ジャンルをご記入ください。書籍へのご応募
1度限り、発送にはお時間をいただく場合がございます。結果は発送をもってかえさせていただきます。

希望ジャンル：☐ 自己啓発　☐ ビジネス　☐ スピリチュアル　☐ 実用

E-MAILアドレス　※携帯電話のメールアドレスには対応しておりません。

お買い求めいただいた本のタイトル

■お買い求めいただいた書店名

（　　　　　　　　　　）市区町村（　　　　　　　　　　）書店

■この本を最初に何でお知りになりましたか

□ 書店で実物を見て　□ 雑誌で見て（雑誌名　　　　　　　　）
□ 新聞で見て（　　　　　　新聞）　□ 家族や友人にすすめられて
総合法令出版の（□ HP、□ Facebook、□ Twitter、□ Instagram）を見て
□ その他（　　　　　　　　　　）

■お買い求めいただいた動機は何ですか（複数回答も可）

□ この著者の作品が好きだから　□ 興味のあるテーマだったから
□ タイトルに惹かれて　□ 表紙に惹かれて　□ 帯の文章に惹かれて
□ その他（　　　　　　　　　　）

■この本について感想をお聞かせください

（表紙・本文デザイン、タイトル、価格、内容など）

（掲載される場合のペンネーム：　　　　　　　　）

■最近、お読みになった本で面白かったものは何ですか？

■最近気になっているテーマ・著者、ご意見があればお書きください

ご協力ありがとうございました。いただいたご感想を匿名で広告等に掲載させていただくことがございます。匿名での使用も希望されない場合はチェックをお願いします□
いただいた情報を、上記の目的以外に使用することはありません。

答《こた》え

❶

左《ひだり》とくらべて、右《みぎ》は「初志《しょし》貫徹《かんてつ》」と「順風満帆《じゅんぷうまんぱん》」が1つずつおおい

❷

左《ひだり》とくらべて、右《みぎ》は「正々《せいせい》堂々《どうどう》」と「因果応報《いんがおうほう》」と「画竜点睛《がりょうてんせい》」が1つずつおおい

❸

左《ひだり》とくらべて、右《みぎ》は「猪突《ちょとつ》猛進《もうしん》」と「晴耕雨読《せいこううどく》」と「温故知新《おんこちしん》」が1つずつおおい

解説《かいせつ》

問題《もんだい》に使《つか》われた四字《よじ》じゅく語《ご》の読《よ》み方《かた》と意味《いみ》

❶

- 試行錯誤《しこうさくご》…しっぱいしながら、いいほうほうをさがすこと。
- 順風満帆《じゅんぷうまんぱん》…ものごとが思《おも》い通《どお》りにすすむ様子《ようす》。
- 初志貫徹《しょしかんてつ》…はじめに決《き》めたことを、さいごまでつづけること。

❷

- 因果応報《いんがおうほう》…よいことをすればよいことが、悪《わる》いことをすれば、悪《わる》いことがおこるということ。
- 二束三文《にそくさんもん》…ねだんがとてもやすいこと。
- 正々堂々《せいせいどうどう》…うそいつわりがなく、正《ただ》しい様子《ようす》。
- 画竜点睛《がりょうてんせい》…ものごとの一番大切《いちばんたいせつ》なこと。

❸

- 温故知新《おんこちしん》…むかしのことから、新《あたら》しいちしきをもらうこと。
- 晴耕雨読《せいこううどく》…自由気《じゆうき》ままな生活《せいかつ》をすること。
- 起死回生《きしかいせい》…きtáてきなところから、立《た》ち直《なお》ること。
- 猪突猛進《ちょとつもうしん》…ものすごいいきおいで、ものごとにとりくむ様子《ようす》。

レベルアップ \6/

にんしきドリル

問題《もんだい》❶

➡ やり方《かた》は52ページ

「い」が入《はい》っていたら、☑にチェックマークを書《か》いてください。

	check
えかうじえかまうねん	☑
わるをみうおこいらむ	☑
あみふちじぱぴいれぬ	☑
もにかいけみけさあゆ	☑
れるこさぬずぺこさえ	☑
さずじつだみのかまお	☑
ぜもうひでますこおれ	☑
ふじかそくでむじいる	☑
じゅれきうさいずみも	☑
つぬけふうきざいろこ	☑

※答《こた》えは108ページ

問題《もんだい》❷

「え」が入《はい》っていたら、☑にチェックマークを書《か》いてください。

	check
もじふぁひゅさおあれ	☑
ぃれおくじゃぬみえあ	☑
ふしくばみゃぬえおで	☑
ぱふみゅであくじゅお	☑
てゃつやさえじゃしゃ	☑
おるましりきおのえさ	☑
こさいうじきうにゅさ	☑
くくぁざうきおきさむ	☑
こみるれひゅさきるき	☑
ざゆわきえおれうめふ	☑

※答《こた》えは108ページ

レベルアップ \ 7 /

部首《ぶしゅ》さがしドリル

問題《もんだい》❶

➡ やり方《かた》は57ページ

見本《みほん》

宀

見本《みほん》の部首《ぶしゅ》が入《はい》っている漢字《かんじ》の数《かず》を数《かぞ》えましょう。

□個《こ》

亭	守	宇	高	花
営	京	屋	密	写
客	嵐	筆	風	室
黄	家	庫	実	居
安	岩	交	倉	寺
炭	寒	冗	宝	巣

※答《こた》えは109ページ

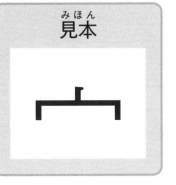

問題《もんだい》❷

見本《みほん》

⻗

見本《みほん》の部首《ぶしゅ》が入《はい》っている漢字《かんじ》の数《かず》を数《かぞ》えましょう。

□個《こ》

界	黒	麦	雫	悲
歯	雪	衆	苗	舞
貫	男	買	春	質
章	責	霰	黄	静
雲	駅	果	雷	首
鼻	賞	夏	貴	青

※答《こた》えは109ページ

問題《もんだい》❸

見本《みほん》

頁

見本《みほん》の部首《ぶしゅ》が入《はい》っている
漢字《かんじ》の数《かず》を数《かぞ》えましょう。

□個《こ》

有	甘	顔	画	直
竜	朗	舐	罠	頭
瞳	額	置	真	留
預	責	朝	類	相
罰	贈	頼	県	眠
勝	願	省	貴	財

※答《こた》えは109ページ

答《こた》え

1

「い」が入《はい》っていたら、□にチェックマークを書《か》いてください。

check

えかうじえかまうねん ☐
わるをみうおこいらむ ☑
あみふちじぱぴいれぬ ☑
もにかいけみけさあゆ ☑
れるこさぬずぺこさえ ☐
さずじつだみのかまお ☐
ぜもうひでますこおれ ☐
ふじかそくでむじいる ☑
じゅれきうさいずみも ☑
つぬけふうきざいろこ ☑

2

「え」が入《はい》っていたら、□にチェックマークを書《か》いてください。

check

もじふぁひゅさおあれ ☐
ぃれおくじゃぬみえあ ☑
ふしくばみゃぬえおで ☑
ぱふみゅであくじゅお ☐
てゃつやさえじゃしゃ ☑
おるましりきおのえさ ☑
こさいうじきうにゅさ ☐
くくぁざうきおきさむ ☐
こみるれひゅさきるき ☐
ざゆわきえおれうめふ ☑

答《こた》え

❶

10個《こ》

部首《ぶしゅ》の名前《なまえ》：うかんむり

うかんむりは、やねを表《あらわ》しています。

亭	**守**	**宇**	高	花
営	京	屋	**密**	写
客	嵐	筆	風	**室**
黄	**家**	庫	**実**	居
安	岩	交	倉	寺
炭	**寒**	冗	**宝**	巣

❷

5個《こ》

部首《ぶしゅ》の名前《なまえ》：あめかんむり

天気《てんき》にかんけいする漢字《かんじ》に使《つか》われます。

界	黒	麦	**零**	悲
歯	**雪**	衆	苗	舞
貫	男	買	春	質
章	責	**霰**	黄	静
雲	駅	果	**雷**	首
鼻	賞	夏	貴	青

❸

7個《こ》

部首《ぶしゅ》の名前《なまえ》：おおがい

頭《あたま》や首《くび》の動《うご》きにかんけいする漢字《かんじ》に使《つか》われます。

有	甘	**顔**	画	直
竜	朗	舐	罠	**頭**
瞳	**額**	置	真	留
預	責	朝	**頬**	相
罰	贈	**頼**	県	眠
勝	**願**	省	貴	財

イメージさいげんドリル

問《もん》題《だい》❶

➡ やり方《かた》は63ページ

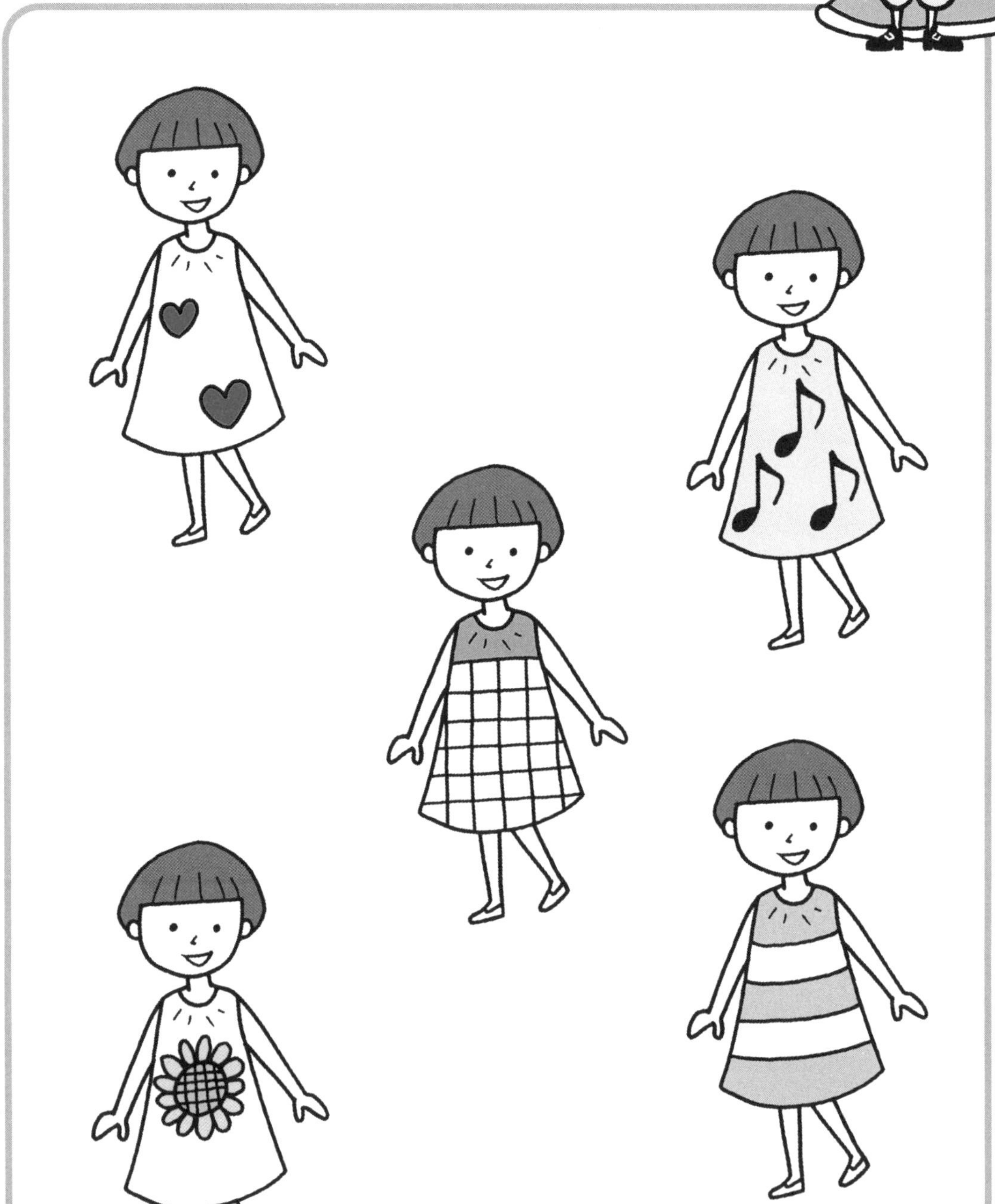

※解答欄《かいとうらん》は114ページ

問《もん》題《だい》❷

※解答欄《かいとうらん》は115ページ

問《もん》題《だい》❸

※解答欄《かいとうらん》は116ページ

問《もん》題《だい》❹

※解答欄《かいとうらん》は117ページ

解答欄《かいとうらん》 ❶

解答欄《かいとうらん》 ❷

解答欄《かいとうらん》 ❸

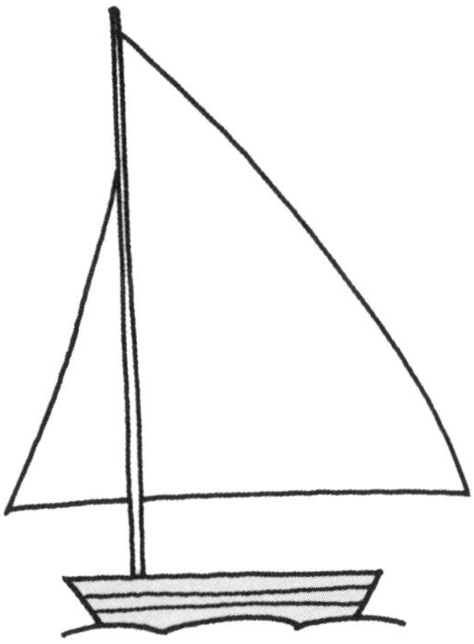

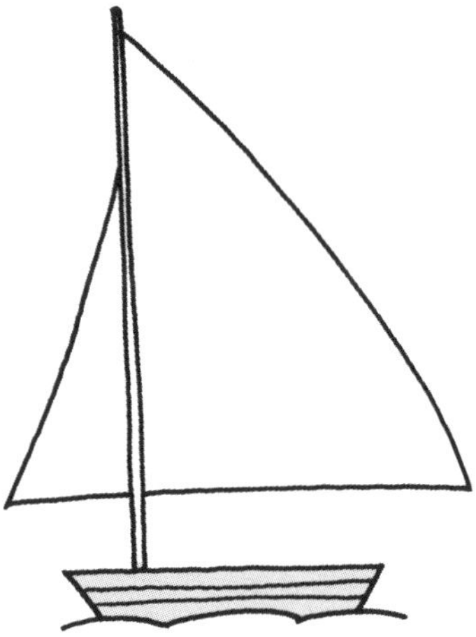

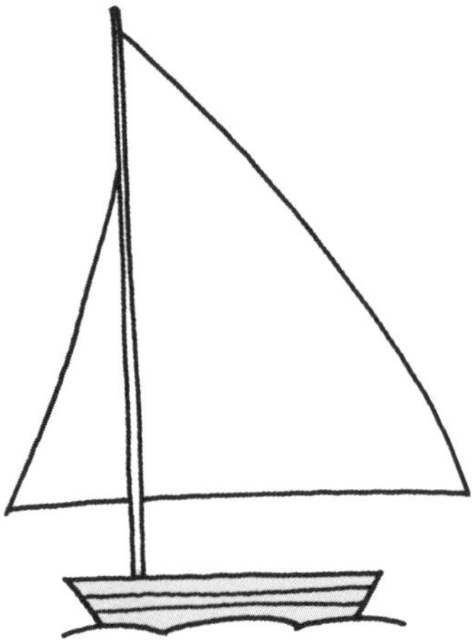

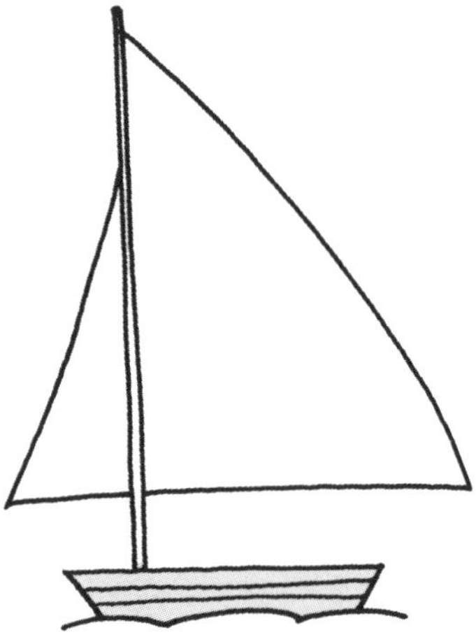

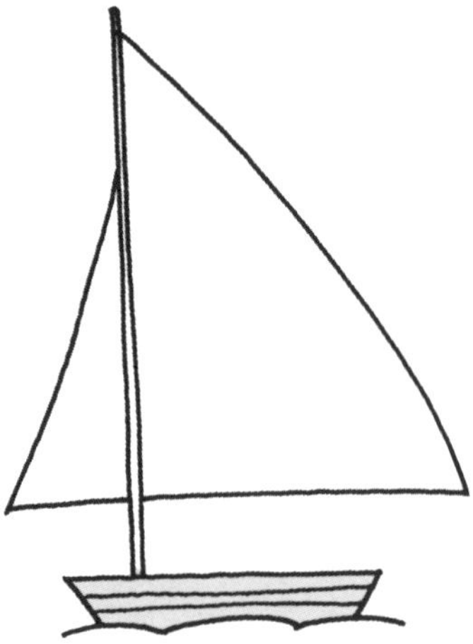

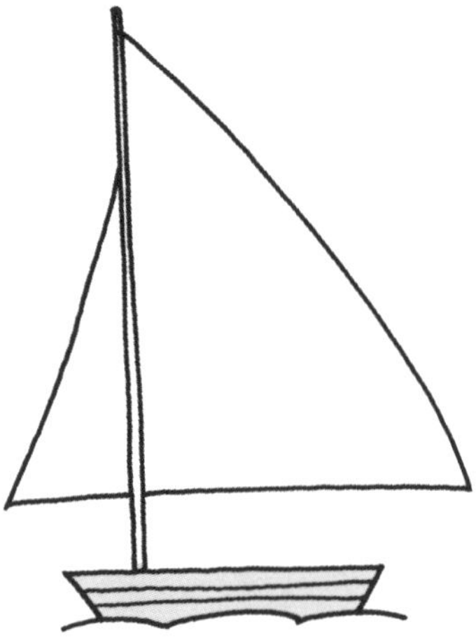

レベルアップ \ 9 /

文《も》字《じ》さいげんドリル

問《もん》題《だい》 ❶

➡ やり方《かた》は70ページ

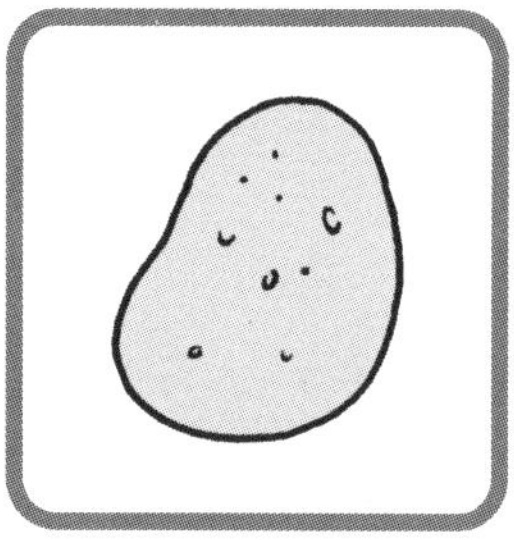

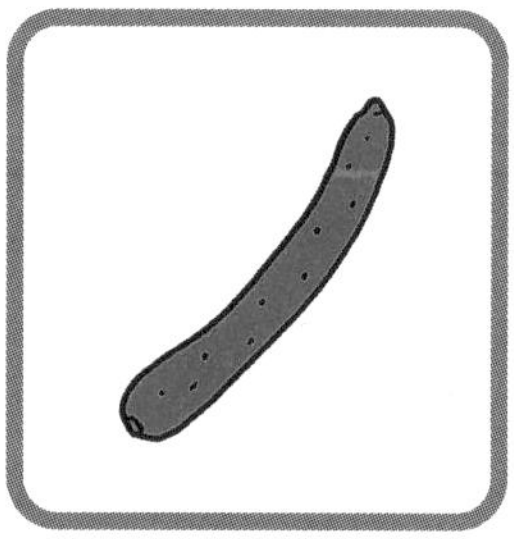

※解答欄《かいとうらん》は121ページ

問《もん》題《だい》❷

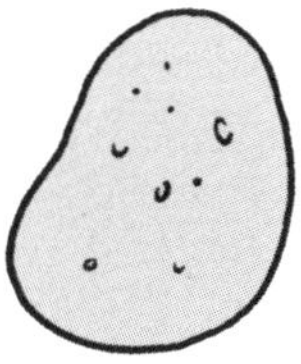

※解答欄《かいとうらん》は122ページ

問《もん》題《だい》❸

※解答欄《かいとうらん》は123ページ

解答欄《かいとうらん》 ❶

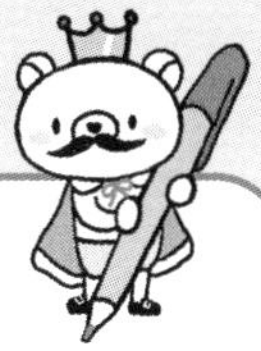

※答《こた》えは124ページ

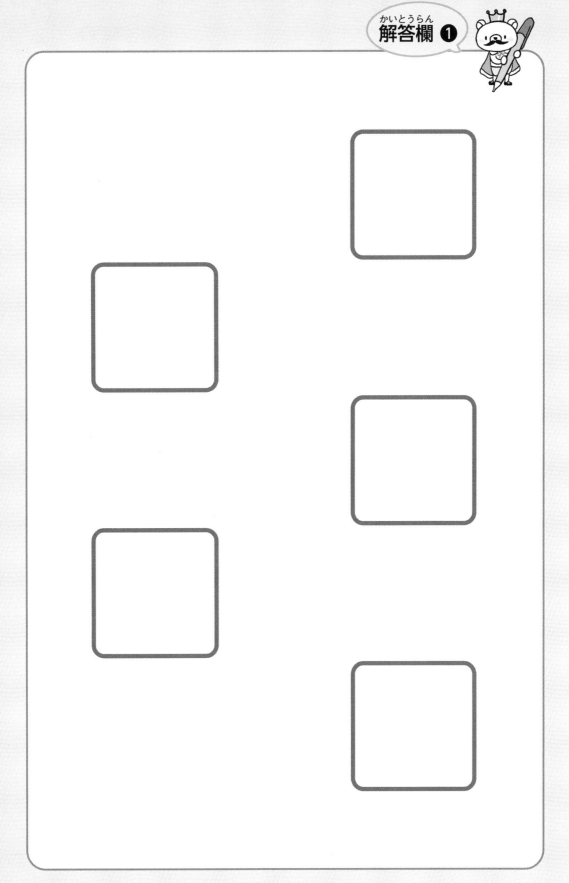

解答欄《かいとうらん》 ❷

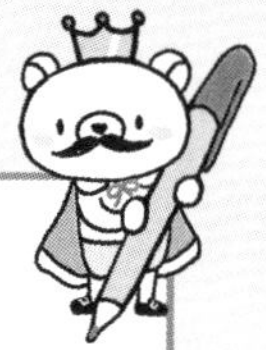

※答《こた》えは 124ページ

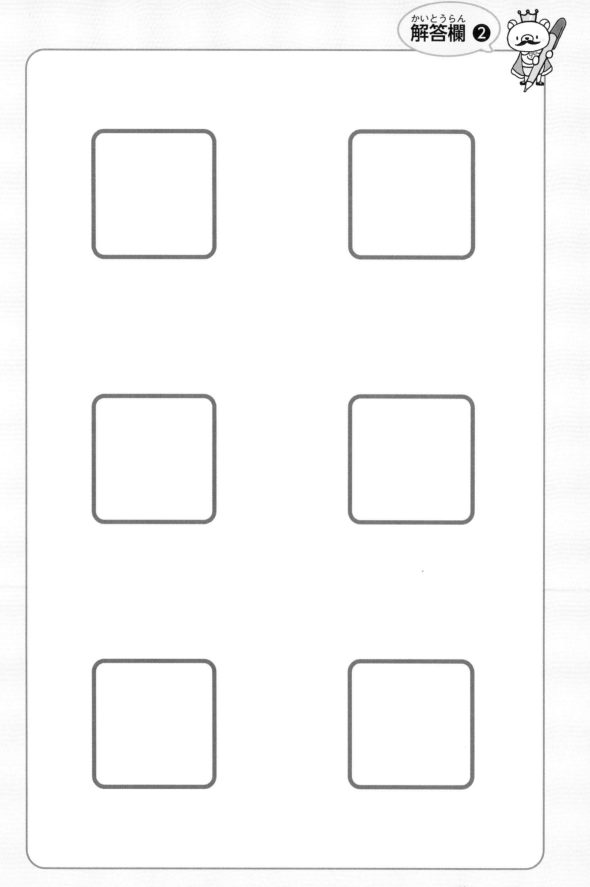

解答欄《かいとうらん》 ❸

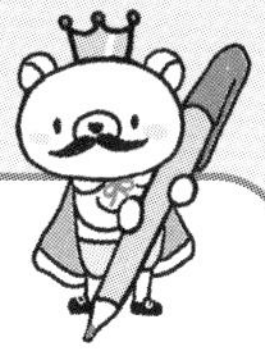

※答《こた》えは124ページ

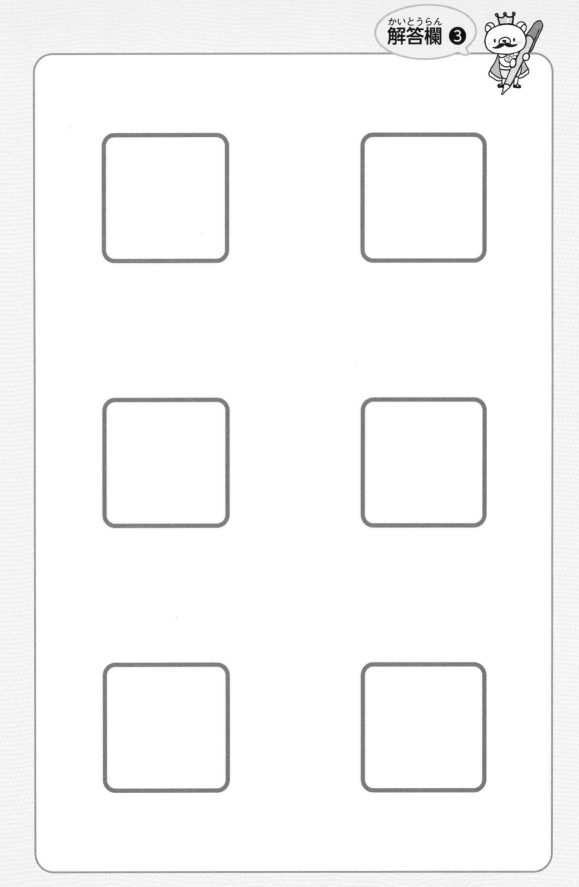

答《こた》え

❶

	たまねぎ
じゃがいも	
	かぼちゃ
きゅうり	
	にんじん

❷

しょうが	にんにく
かぼちゃ	たまねぎ
とうもろこし	じゃがいも

❸

にんにく	にんじん
とうもろこし	きゅうり
かぼちゃ	しょうが

（えい語《ご》での答《こた》え）

タマネギ：onion《オニオン》
ジャガイモ：potato《ポテト》
カボチャ：pumpkin《パンプキン》
キュウリ：cucumber《キューカンバー》
ニンジン：carrot《キャロット》
ショウガ：ginger《ジンジャー》
トウモロコシ：corn《コーン》
ニンニク：garlic《ガーリック》

レベルアップ \10/

しりとりドリル

問《もん》題《だい》❶

やり方《かた》は75ページ

ひょうご→□□□→ライオン

きょうと→□□□□→つりざお

おおさか→□□□□→うなぎ

おきなわ→□□□□→スープ

みやざき→□□□□→クリスマス

やまなし→□□□→イクラ

やまがた→□□□□→キウイ

かごしま→□□□□→にんじん

やまぐち→□□□□→つけもの

とっとり→□□□□→クレープ

※答《こた》えは128ページ

問《もん》題《だい》❷

コスモス→□□□→れんげ

あじさい→□□□□→うり

のみ→□□□□→ちょう

タピオカ→□□□□→ラスク

アザラシ→□□□□→マムシ

タラバガニ→□□□□→リス

ミジンコ→□□□□→リスザル

フクロウ→□□□□→スズメ

タカ→□□□□→ウズラ

さくら→□□□□□→うめ

※答《こた》えは128ページ

問《もん》題《だい》❸

ロシア→□□□□→カナダ

くまもと→□□□□□→うつのみや

ババロア→□□□□□→ドーナツ

カレーライス→□□□□□→いんげんまめ

メカジキ→□□□□□→イカ

ハーモニカ→□□□□□□→トランペット

マシュマロ→□□□□□□→キャラメル

トマト→□□□□□□→ショウガ

がっこう→□□□□□□→いろえんぴつ

テニス→□□□□□□→ドッジボール

※答《こた》えは128ページ

答《こた》え

1

ひょうご→ゴジラ→ライオン
きょうと→とんかつ→つりざお
おおさか→かんこう→うなぎ
おきなわ→ワックス→スープ
みやざき→きんにく→クリスマス
やまなし→しあい→イクラ
やまがた→たこやき→キウイ
かごしま→マカロニ→にんじん
やまぐち→ちかてつ→つけもの
とっとり→リュック→クレープ

2

コスモス→すみれ→れんげ
あじさい→いちょう→うり
のみ→みつばち→ちょう
タピオカ→カステラ→ラスク
アザラシ→シマウマ→マムシ
タラバガニ→ニワトリ→リス
ミジンコ→コウモリ→リスザル
フクロウ→ウグイス→スズメ
タカ→カッコウ→ウズラ
さくら→らっきょう→うめ

3

ロシア→アメリカ→カナダ
くまもと→とうきょう→うつのみや
ババロア→アーモンド→ドーナツ
カレーライス→スパゲティ→いんげんまめ
メカジキ→キンメダイ→イカ
ハーモニカ→カスタネット→トランペット
マシュマロ→ロールケーキ→キャラメル
トマト→トウモロコシ→ショウガ
がっこう→うんどうかい→いろえんぴつ
テニス→スノーボード→ドッジボール

11

文章《ぶんしょう》イメージドリル

まずは、問題《もんだい》に書《か》かれている物語《ものがたり》を読《よ》みましょう。そして、どんな人《ひと》や風《ふう》けいが書《か》かれているか、読《よ》みながら頭《あたま》の中《なか》に思《おも》いうかべてみます。

思《おも》いうかべたことを、解答欄《かいとうらん》のページに、絵《え》でかきましょう。答《こた》えの絵《え》と少《すこ》しでもにていたら、正《せい》かいです。

この問題《もんだい》ができるようになると、物語《ものがたり》を読《よ》むことが楽《たの》しくなって、読書《どくしょ》も国語《こくご》のじゅぎょうも、もっと好《す》きになれます。

やり方《かた》

文章《ぶんしょう》を読《よ》んで、思《おも》いうかべたことを絵《え》にしましょう。

庭《にわ》の木々《きぎ》を眺《なが》めながら、女《おんな》の人《ひと》がお茶《ちゃ》を飲《の》んでいました。

問題《もんだい》❶

次《つぎ》の文章《ぶんしょう》を読《よ》んで、思《おも》いうかんだことを絵《え》にかいてみましょう。

　青《あお》ぞらで風《かぜ》がどうと鳴《な》り、日光《にっこう》は運動場《うんどうじょう》いっぱいでした。黒《くろ》い雪袴《ゆきばかま》をはいた二人《ふたり》の一年生《いちねんせい》の子《こ》がどてをまわって運動場《うんどうじょう》にはいって来《き》て、まだほかにだれも来《き》ていないのを見《み》て、

「ほう、おら一等《いっとう》だぞ。一等《いっとう》だぞ。」とかわるがわる叫《さけ》びながら大《おお》よろこびで門《もん》をはいって来《き》たのでしたが、ちょっと教室《きょうしつ》の中《なか》を見《み》ますと、二人《ふたり》ともまるでびっくりして棒立《ぼうだ》ちになり、それから顔《かお》を見合《みあわ》せてぶるぶるふるえましたがひとりはとうとう泣《な》き出《だ》してしまいました。というわけは、そのしんとした朝《あさ》の教室《きょうしつ》のなかにどこから来《き》たのか、まるで顔《かお》も知《し》らないおかしな赤《あか》い髪《かみ》の子供《こども》がひとり、いちばん前《まえ》の机《つくえ》にちゃんとすわっていたのです。そしてその机《つくえ》といったらまったくこの泣《な》いた子《こ》の自分《じぶん》の机《つくえ》だったのです。

宮沢賢治《みやざわけんじ》・著《ちょ》『風《かぜ》の又三郎《またさぶろう》（『ポラーノの広場《ひろば》』より）』新潮文庫《しんちょうぶんこ》、新潮社《しんちょうしゃ》

※解答欄《かいとうらん》は134ページ

問題《もんだい》❷

次《つぎ》の文章《ぶんしょう》を読《よ》んで、思《おも》いうかんだことを絵《え》にかいてみましょう。

すこし行《い》きますとまた扉《と》があって、その前《まえ》に硝子《がらす》の壺《つぼ》が一《ひと》つありました。扉《と》にはこう書《か》いてありました。

「壺《つぼ》のなかのクリームを顔《かお》や手足《てあし》にすっかり塗《ぬ》ってください。」

みるとたしかに壺《つぼ》のなかのものは牛乳《ぎゅうにゅう》のクリームでした。

「クリームをぬれというのはどういうんだ。」

「これはね、外《そと》がひじょうに寒《さむ》いだろう。室《へや》のなかがあんまり暖《あたたか》いとひびがきれるから、その予防《よぼう》なんだ。どうも奥《おく》には、よほどえらいひとがきている。こんなとこで、案外《あんがい》ぼくらは、貴族《きぞく》とちかづきになるかも知《し》れないよ。」

二人《ふたり》は壺《つぼ》のクリームを、顔《かお》に塗《ぬ》って手《て》に塗《ぬ》ってそれから靴下《くつした》をぬいで足《あし》に塗《ぬ》りました。

宮沢賢治《みやざわけんじ》・著《ちょ》『注文《ちゅうもん》の多《おお》い料理店《りょうりてん》（『宮沢賢治全集《みやざわけんじぜんしゅう》8』より）』ちくま文庫《ぶんこ》、筑摩書房《ちくましょぼう》

※解答欄《かいとうらん》は135ページ

問題《もんだい》③

次《つぎ》の文章《ぶんしょう》を読《よ》んで、思《おも》いうかんだことを絵《え》にかいてみましょう。

　空気《くうき》は澄《す》みきって、まるで水《みず》のように通《とお》りや店《みせ》の中《なか》を流《なが》れましたし、街燈《がいとう》はみなまっ青《さお》なもみや楢《なら》の枝《えだ》で包《つつ》まれ、電気会社《でんきがいしゃ》の前《まえ》の六本《ろっぽん》のプラタヌスの木《き》などは、中《なか》に沢山《たくさん》の豆電燈《まめでんとう》がついて、ほんとうにそこらは人魚《にんぎょ》の都《みやこ》のように見《み》えるのでした。子《こ》どもらは、みんな新《あたら》しい折《おり》のついた着物《きもの》を着《き》て、星《ほし》めぐりの口笛《くちぶえ》を吹《ふ》いたり、「ケンタウルス、露《つゆ》をふらせ。」と叫《さけ》んで走《はし》ったり、青《あお》いマグネシヤの花火《はなび》を燃《も》したりして、たのしそうに遊《あそ》んでいるのでした。けれどもジョバンニ※は、いつかまた深《ふか》く首《くび》を垂《た》れて、そこらのにぎやかさとはまるでちがったことを考《かんが》えながら、牛乳屋《ぎゅうにゅうや》の方《ほう》へ急《いそ》ぐのでした。

宮沢賢治《みやざわけんじ》・著《ちょ》『銀河鉄道《ぎんがてつどう》の夜《よる》』角川文庫《かどかわぶんこ》、角川書店《かどかわしょてん》

※ジョバンニというのは、主人公《しゅじんこう》の男《おとこ》の子《こ》の名前《なまえ》です。 ※解答欄《かいとうらん》は 136 ページ

問《もん》題《だい》❹

次《つぎ》の文章《ぶんしょう》を読《よ》んで、思《おも》いうかんだことを絵《え》にかいてみましょう。

ジョバンニは、夜《よる》の軽便鉄道《けいべんてつどう》の、小《ちい》さな黄《き》いろの電燈《でんとう》のならんだ車室《しゃしつ》に、窓《まど》から外《そと》を見《み》ながら座《すわ》っていたのです。車室《しゃしつ》の中《なか》は、青《あお》い天蚕絨《びろうど》を張《は》った腰掛《こしか》けが、まるでがら明《あ》きで、向《む》こうの鼠《ねずみ》いろのワニスを塗《ぬ》った壁《かべ》には、真鍮《しんちゅう》の大《おお》きなぼたんが二《ふた》つ光《ひか》っているのでした。

すぐ前《まえ》の席《せき》に、ぬれたようにまっ黒《くろ》な上着《うわぎ》を着《き》た、せいの高《たか》い子供《こども》が、窓《まど》から頭《あたま》を出《だ》して外《そと》を見《み》ているのに気《き》が付《つ》きました。そしてそのこどもの肩《かた》のあたりが、どうも見《み》たことのあるような気《き》がして、そう思《おも》うと、もうどうしても誰《だれ》だかわかりたくて、たまらなくなりました。いきなりこっちも窓《まど》から顔《かお》を出《だ》そうとしたとき、俄《にわ》かにその子供《こども》が頭《あたま》を引《ひ》っ込《こ》めて、こっちを見《み》ました。

宮沢賢治《みやざわけんじ》・著《ちょ》『銀河鉄道《ぎんがてつどう》の夜《よる》』角川文庫《かどかわぶんこ》、角川書店《かどかわしょてん》

※解答欄《かいとうらん》は137ページ

解答欄《かいとうらん》 ❶

130 ページの文章《ぶんしょう》を読《よ》んで、思《おも》いうかべたことを絵《え》でかきましょう

※答《こた》えは 138ページ

解答欄《かいとうらん》 ❷

131 ページの文章《ぶんしょう》を読《よ》んで、思《おも》いうかべたことを絵《え》でかきましょう

※答《こた》えは138ページ

解答欄《かいとうらん》 ❸

132 ページの文章《ぶんしょう》を読《よ》んで、思《おも》いうかべたことを絵《え》でかきましょう

※答《こた》えは139ページ

解答欄《かいとうらん》 ❹

133 ページの文章《ぶんしょう》を読《よ》んで、思《おも》いうかべたことを絵《え》でかきましょう

※答《こた》えは139ページ

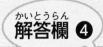

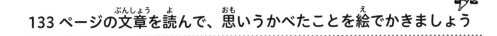

※答《こた》えの絵《え》はお手本《てほん》です。この通《とお》りでなくてもかまいません。

答《こた》え

❶

❷

答《こた》え

③

④

おわりに

問題《もんだい》をといてみてどうでしたか？　この本《ほん》を読《よ》み始《はじ》める前《まえ》とくらべると、少《すこ》しは本《ほん》を読《よ》んでみたいなという気持《きも》ちが出《で》てきたのではないかと思《おも》います。

このページを読《よ》み終《お》わったら、ぜひ本屋《ほんや》さんに行《い》って、読《よ》みたいと思《おも》える本《ほん》をさがしてみてください。

さいしょはおうちの人《ひと》が「これを読《よ》んでみたら？」とすすめてくれるかもしれないけれど、まずは自分《じぶん》が「面白《おもしろ》そう」と思《おも》える本《ほん》を手《て》にとってみることが大事《だいじ》です。その本《ほん》と、おうちの人《ひと》がすすめてくれた本《ほん》を見《み》くらべてみて、本当《ほんとう》に読《よ》んでみたいと思《おも》えるものをえらびましょう。

えらぶのがむずかしいという人《ひと》は、「少《すこ》し文字《もじ》が多《おお》いなあ」と感《かん》じるほうをえらんでみてください。そのほうが、文字《もじ》を見《み》てイメージする力《ちから》がはたらくので、より本《ほん》を読《よ》む楽《たの》しさを感《かん》じやすいからです。

そして本《ほん》を読《よ》み終《お》わったらぜひ、書《か》いてあったこと、感《かん》じたことを、おうちの人《ひと》に話《はな》してあげてください。話《はなし》をすることで、頭《あたま》の整理《せいり》もしやすくなります。

大事《だいじ》なことなのでくり返《かえ》しになるけれど、読書《どくしょ》を通《つう》じて世《よ》の中《なか》にいる色々《いろいろ》な人《ひと》の考《かんが》え方《かた》にふれるきかいが多《おお》いほど、世界《せかい》はどんどん広《ひろ》がっていきます。読書《どくしょ》は国語《こくご》のテストみたいに、点数《てんすう》をとるのが目的《もくてき》ではありません。どうか、こう思《おも》うのが正《せい》かいとかまちがいとか、そういった小《ちい》さなことにしばられるのではなく、読《よ》んで感《かん》じたことを大切《たいせつ》に、たくさんの本《ほん》との出合《であ》いを楽《たの》しんでください。

そしてさいごに、もう1つだけ。

本《ほん》は、楽《たの》しく読《よ》むものです。読書《どくしょ》をするときは、どうか「どんな楽《たの》しいことがあるだろう」というワクワクする気持《きも》ちを持《も》ってページをめくってみてください。きっと、きのうとはちがう、新《あたら》しい発見《はっけん》や出合《であ》いが待《ま》っているはずです。

もし「本《ほん》が楽《たの》しめないな」と思《おも》ったら、いつでもこの本《ほん》にもどってきて、問題《もんだい》を読《よ》み返《かえ》してみてもらいたいと思《おも》います。

この本《ほん》をきっかけに、たからものだと思《おも》える本《ほん》が見《み》つかったら、私《わたし》に「見《み》つかったよ〜」って教《おし》えてくださいね。

角田和将《つのだかずまさ》

謝辞

今回の出版にあたり制作に携わってくださった、編集者の市川純矢さん、デザイナーの和全さん、また、ドリルシリーズを多くの方に広めてくださっている営業部の酒井巧さん、牟田悦雄さん、松浦洋平さん、髙本栞奈さん、柳生みや乃さんにも感謝を申し上げます。

また、全国各地で速読普及活動にご協力いただいているみなさん、新たな気づきを数多くくださる国内外の受講生、修了生のみなさん、読者のみなさんのおかげで、こうしてまた出版の機会をいただくことができました。感謝を申し上げるとともに、今後もさらなる自己実現力向上に貢献できれば幸いです。

そして、私が速読指導を始めるキッカケをくださり、受講生第一号になってくださった師匠の竹井佑介さん、メンターの青山聡一郎さん、服部遣司さん、影ながら常日頃、私を支えてくれている家族にも最大限の感謝の気持ちをこの場でお伝えできればと思います。いつも本当にありがとうございます。

角田和将

角田和将（つのだ・かずまさ）

高校時代、国語の偏差値はどんなにがんばっても40台。本を読むことが嫌いだったが、借金を返済するため投資の勉強をはじめる。そこで500ページを超える課題図書を読まざるを得ない状況になり、速読をスタート。開始から8カ月目に日本速脳速読協会主催の速読甲子園で準優勝、翌月に開催された特別優秀賞決定戦で速読甲子園優勝者を下して優秀賞（1位）を獲得。日本一となり、その後独立。速読を通じて、本を最大限に活かし、時間の量と質を変えることの大切さを教えるため、国内外を飛び回っている。
セミナー講演で実施している体験レクチャーでは医師、パイロット、エンジニアなどの専門職から経営者、会社員、主婦と、幅広い層の指導にあたり、95％以上の高い再現性を実現している。大企業から学習塾など、さまざまな分野での研修も実施しており、ビジネス活用、合格率アップなどにつながる速読活用の指導は好評を博している。
講座を受講する生徒の読書速度向上の平均レベルは3倍以上で、「1日で16冊読めるようになった」、「半月で30冊読めるようになった」、「半年間で500冊読めるようになった」など、ワンランク上を目指す速読指導も行っている。
著書に、『速読日本一が教える すごい読書術』（ダイヤモンド社）、『速読日本一が教える 1日10分速読トレーニング』（日本能率協会マネジメントセンター）などがあり、『1日が27時間になる！速読ドリル』（総合法令出版）シリーズは累計20万部を超えるベストセラーとなっている。

● Instagram
https://www.instagram.com/sokudoku_tsunoda/

1日5分遊ぶだけで本を読む習慣がぐんぐん身につく！
読書ドリル

2023年8月22日　初版発行

著　者　角田和将
発行者　野村直克
発行所　総合法令出版株式会社
〒103-0001 東京都中央区日本橋小伝馬町15-18
EDGE小伝馬町ビル9階
電話 03-5623-5121
印刷・製本　中央精版印刷株式会社

落丁・乱丁本はお取替えいたします。

ISBN 978-4-86280-914-8

総合法令出版ホームページ　http://www.horei.com/